以德润身 技臻至善

成都工业职业技术学院 著

高职院校岗课赛证综合育人「成工模式」

理论构建与实践

西南财经大学出版社

中国·成都

图书在版编目(CIP)数据

高职院校岗课赛证综合育人"成工模式"理论构建与实践/成都工业
职业技术学院著.—成都:西南财经大学出版社,2024.5
ISBN 978-7-5504-6179-6

Ⅰ.①高… Ⅱ.①成… Ⅲ.①高等职业教育—人才培养—培养
模式—研究—中国 Ⅳ.①G718.5

中国国家版本馆 CIP 数据核字(2024)第 087188 号

高职院校岗课赛证综合育人"成工模式"理论构建与实践

GAOZHI YUANXIAO GANGKE SAIZHENG ZONGHE YUREN"CHENGGONG MOSHI"LILUN GOUJIAN YU SHIJIAN

成都工业职业技术学院　著

策划编辑:乔雷　余尧
责任编辑:乔雷
责任校对:余尧
封面设计:星柏传媒
责任印制:朱曼丽

出版发行	西南财经大学出版社(四川省成都市光华村街55号)
网　　址	http://cbs.swufe.edu.cn
电子邮件	bookcj@swufe.edu.cn
邮政编码	610074
电　　话	028-87353785
照　　排	四川胜翔数码印务设计有限公司
印　　刷	四川五洲彩印有限责任公司
成品尺寸	170 mm×240 mm
印　　张	9.5
字　　数	206 千字
版　　次	2024 年 5 月第 1 版
印　　次	2024 年 5 月第 1 次印刷
书　　号	ISBN 978-7-5504-6179-6
定　　价	68.00 元

前　言

　　高职教育是职业教育的重要组成部分，也是国家实现制造强国和人才强国的重要途径之一。然而，目前我国高职教育依然存在一些问题，最为突出的是"培养出来的学生与市场要求不符合"的问题。因此，提升高职教育的质量，使之更紧密地与市场需求相匹配，成为当前高职教育界需要解决的最为迫切的问题之一。

　　在这个背景下，岗课赛证融通成为解决这一问题的有效途径。岗课赛证融通是指高职教育中把岗位需求、课程内容、竞赛元素和证书认证紧密结合起来，将职业教育与产业需求充分对接，构建全方位的人才培养模式。岗课赛证融通能够有效提升高职教育的实践性，提高学生的职业素养和实际工作能力，从而使他们更好地适应社会发展需求。因此，岗课赛证融通的理论研究和实践探索具有重要的现实意义和现实价值。

　　首先，本书从岗课赛证综合育人模式的理论构建、实践探索和典型案例方面入手，深入探讨该模式的构建、实施与推广，为现代职业教育的发展提供理论依据和实践指导。其次，本书对岗课赛证的价值意蕴、核心理念、逻辑内涵和对高职院校综合育人的意义进行深入探讨，从而深刻揭示了岗课赛证融通的概念和内涵。再次，本书讲述了包括课岗对接、课赛融合、课证融通、课岗证互通以及岗课赛证融合等多个实践路径，阐述了岗课赛证融通在实践中的应用和推广。最后，本书还展示了岗课赛证融通在高职教育中的应用案例，为读者们理解岗课赛证融通思想提供了重要的参考。

　　对于高职教育发展而言，岗课赛证融通是一条切实可行的道路。相信随着岗课赛证融通的不断推广应用，其将成为高职教育的一条成功路径，为中国职业教育做出更大贡献。

　　本书由成都工业职业技术学院张冉、刘婷婷、罗梦烩组织教师团队进行编写，在编写过程中借鉴和吸收了职业教育最新理论成果，并采纳了优秀典型案例，在此，对宋林、唐德敏、罗洪文、王光华、李洪俊、亓伟、余倩等教师表示衷心的感谢。由于作者水平有限，书中不足之处在所难免，敬请广大读者批评指正。

刘婷婷
2023 年 10 月 15 日

目　录

理论篇

案例篇

理论篇

1 政策引领：岗课赛证的价值意蕴

1.1 高职院校育人模式的演变

1977 年 10 月，我国高等学校招生工作全面恢复。1978 年 3 月，教育部、原国家计委发文通知，决定增加高等学校的招生名额。以专科学校为例，仅 1978 年，我国恢复和新建的专科学校就达到 98 所，招生 12.37 万人；在校专科生 37.9 万人，占本专科在校生总人数的 45.3%。1979 年，在校专科生达到 34.84 万人，占本专科生在校生总人数的 34.2%。在这一时期，一大批高等职业教育学校获得恢复和重建，有力支撑了改革开放的启幕。

1980 年，原国家教委批准建立了 13 所职业大学，如金陵职业大学、合肥联合大学、无锡职业大学、江汉大学等，标志着我国高等职业院校的正式诞生。1983 年，原国家教委根据第五届全国人民代表大会第五次会议的要求，又批准成立了 33 所职业大学。据统计，1980—1984 年，全国共兴办 82 所短期职业大学，在校生规模达到 1 万~2 万人[1]，为我国现代高等职业教育的诞生和发展奠定了坚实的物质基础和人才基础。

1985 年，《中共中央关于教育体制改革的决定》首次提出"积极发展高等职业技术院校，……逐步建立起一个从初级到高级、行业配套、结构合理又能与普通教育相衔接的职业技术教育体系[2]。"1991 年，《国务院关于大力发展职业技术教育的决定》从顶层设计的角度提出，初步建立起有

---

[1] 李蔺田. 中国职业技术教育史 [M]. 北京：高等教育出版社，1994：554.
[2] 教育部. 中共中央关于教育体制改革的决定 [EB/OL]. (1985-05-27) [2023-10-15]. http://www.jyb.cn/zyk/jyzcfg/200602/t20060219_55336.html.

中国特色的，从初级到高级、行业配套、结构合理、形式多样，又能与其他教育相互沟通、协调发展的职业技术教育体系的基本框架。

1990年，国家教育行政部门召开了全面研究高等专科教育的座谈会，会后正式印发了《关于加强普通高等专科教育工作的意见》，规定"普通高等专科教育是在普通高中教育基础上进行的专业教育，培养能够坚持社会主义道路、适应基层部门和企事业单位生产工作第一线需要的、德智体诸方面都得到发展的高等应用型专门人才。它同本科教育一样，都是我国普通高等教育体系中不可缺少的重要组成部分。"该意见的出台，反映了国家教育行政部门对高等职业教育的重视以及办好高等职业教育的决心。

1994年召开的全国第二次教育工作会议提出高等职业教育发展的"三改一补"基本方针。"三改一补"是以"三教统筹"为基础和延伸的一项重要改革措施，目的是完善我国高等职业教育的人才培养结构。其中，"三改"指的是专业改革、教学改革和人才培养模式改革；"一补"则是补齐体制机制短板。这些改革措施的实施，奠定了我国高等职业教育发展的基本格局，为我国高等职业教育的质量建设和特色建设提供了支撑。其中，专业改革和人才培养模式改革的重点是强化实践教学和职业素养培养，加强专业能力训练和实践技能提升，以更好地满足社会对高技能人才的需求。教学改革包括开展创新创业教育、人文素养教育等，目的是培养具有创新意识和综合素质的高技能应用型人才。补齐体制机制短板则是为高等职业教育的可持续发展提供基础保障。

1996年，职业教育将"同国家制定的职业分类和职业等级标准相适应，实行学历证书、培训证书和职业资格证书制度"写入《中华人民共和国职业教育法》，正式开启了各职业院校推行双证书的发展历程。双证书指的是高等职业院校毕业生同时获得高等职业资格证书和国家职业资格证书。双证书的推行使得用人单位更倾向于将与专业技术对应的技术等级证书或岗位合格证书作为录用或定岗定薪的重要依据。这一举措有效地提升了高等职业教育的人才培养质量和与职业需求的对接度，同时也增强了用人单位对高等职业院校毕业生的信任和认可。通过双证书体系的建立和推行，高等职业院校毕业生的就业竞争力得到了提升，促进了高等职业教育的发展和提升。

1998年，教育部在"三改一补"的基础上又提出了"三多一改"的方针。作为高等职业教育改革的一项探索性制度创新，"三多一改"方针进一步深化了高等职业教育改革的力度。"三多一改"方针是办学形式多样化、人才培养模式多样化、高等职业教育办学主体多样化、通过改革来提高人才培养质量的简称。这一方针的实施，将推动高等职业教育的创新和转型，进一步拓展高等职业教育的办学模式，促进更多不同类型的高等职业教育机构的发展和壮大，提高人才培养质量。通过政策的引导作用，高等职业教育的办学形式与办学质量更加协调，进一步推动了中国高等职业教育事业的创新和发展。

2008年，为了推动职业教育教学模式和人才培养模式的改革，产教结合的实践被广泛推进，深化了校企一体化发展。为了突出职业技能导向，推动职业教育办学体制改革，多种用来展示职业教育的特色的方式不断涌现。其中，以校赛为基础，省赛为支撑，国赛为龙头，辅以行业赛的纵横结合的方式，结合政府、学校、行业、企业和社会各界多元联合的完整赛事体系受到广泛推广。这样的体系激活了职业院校之间的技能比拼，推动职业技能的培养和训练改革。通过赛事的举办和参与，学生能够展示自己在职业技能上的实力和能力，并与其他学校和行业进行交流和竞争，促进了职业教育的发展和提升。

党的十八大以来，以习近平同志为核心的党中央高度重视职业教育，把职业教育摆在了前所未有的突出位置。党的十九大之后，产教融合、校企合作、工学结合、知行合一等育人机制已成为我国职业教育新的发展方向。《制造业人才发展规划指南》于2016年12月发布，确立了人才供给结构改革、产业和教育深度融合等7个核心任务，为未来培育高素质的"大国工匠"夯基固本，制定了总纲领与总遵循。2019年教育部等四部门印发《关于在院校实施"学历证书+若干职业技能等级证书"制度试点方案的通知》，2020年教育部等九部门《关于印发〈职业教育提质培优行动计划（2020—2023年）〉的通知》等政策文件，为高职院校岗课赛证综合育人的理论研究和实践探索提供了坚实的政策保障和高质量发展空间。2021年4月召开的全国职业教育大会讲话强调，要"坚持立德树人，优化类型定位，加快构建现代职业教育体系，'岗课赛证'综合育人，提升教育质量，畅通职业发展通道，增强职业教育认可度和吸引力"，为我国新时代职业教育课程建设提出了新任务，推动高职院校积极探索科学可行的岗课赛证育训融通的课程建设策略。为了加快构建现代职业教育体系，职业院校开始积极探索并实践岗课赛证综合育人的模式。这一模式的实施旨在通过立德树人，优化类型定位，提升教育质量，畅通职业发展通道，增强职业教育的认可度和吸引力。

近 40 年来，高职院校关于岗课赛证综合育人的研究取得了一定成果，推进了高职院校课程建设和改革的大发展。目前，颇具代表性的经验有深圳职业技术学院的"课证融通"模式、金华职业技术学院的"赛教融合"模式、山东职业学院的"赛证课相通"模式和佛山市"区域支柱产业主导"的实践模式等。在理论研究方面，高职院校普遍认为岗课赛证综合育人重在新时代工匠精神与高职学生职业素养的融通，是破解人才培养中长期存在的"重专业、轻能力；重技能、轻素质；重教书，轻育人"等问题的关键。以岗定课使课程体现岗位需求和专业发展规律，课证融合使课程内容以职业要求定位，证赛互补使理论和实践相得益彰，课赛互促使学习兴趣和效果得到提升。高职院校提出要注重"六要素"，把握"八关键"等实施建议，进而融合"岗""赛""证"元素于"课"，基于岗位技能标准定向培养高技能人才，借鉴大赛理念攀登技能人才培养之巅，深入探索体现类型教育特征的职业教育综合育人新路。

1.2 岗课赛证的概念与核心理念

岗课赛证是一种综合育人的教育理念①。"岗"强调了根据市场的需求确定岗位能力需求，并以企业真实岗位能力需求为基础，与学校资源相融合，制定人才培养方案，实现产业需求与学校教学的对接；"课"强调了学校的课程体系需要紧密结合行业发展需求，以学习者为中心，设计具有

---

① 2021 年 4 月 13 日，国务院时任副总理孙春兰在全国职业教育大会上提出："坚持立德树人，优化类型定位，加快构建现代职业教育体系。要一体化设计中职、高职、本科职业教育培养体系，深化'三教'改革，'岗课赛证'综合育人，提升教育质量。要健全多元办学格局，细化产教融合、校企合作政策，探索符合职业教育特点的评价办法。各地各部门要加大保障力度，提高技术技能人才待遇，畅通职业发展通道，增强职业教育认可度和吸引力。"这是"岗课赛证"概念首次在国家层面获得政策推举和高度认同。"岗课赛证"综合育人从面向岗位的职业技能和职业素养需求出发，以课程改革为核心，以岗位典型工作任务为载体，以行业企业资格标准、职业技能竞赛能力与素养要求为目标，多方协同、整合、优化学习任务，重构课程体系，推动育人模式的变革。这一变革将岗位对应的知识、技能和素养要求贯穿人才培养全过程，做到"课证融通""课赛融合"，以实现职业教育的实践性、实用性和开放性，达到有效培养适应社会需要的、合格的高素质技术技能人才的目的。

实践导向的课程目标、内容、方法和评价，统筹师资、设备和实践文化等资源，并提供高质量的教育环境和教学实施；"赛"注重了各级别的技能大赛，提供了学生展示和切磋高端技能的平台，以赛促教、以赛促学、以赛促改，推动教学改革，提升学生的技能水平；"证"强调了通过学习和完成职业岗位的关键工作，完成相关职业知识和技能的学习后，获得职业技能等级证书，作为对学生能力的认可和证明。"岗课赛证"包括四个要素，内容如下。

（1）"岗"即岗位实践：通过安排学生到企业、工厂等实践岗位进行实习，使他们能够在实践中熟悉和掌握实际工作技能。

（2）"课"即课程设置：优化课程设置，将技术课程与理论课程相结合，注重实践教学，确保学生掌握实际应用能力。

（3）"赛"即职业技能竞赛：鼓励学生参加各种职业技能竞赛，通过比赛的经历提升学生的专业水平和实践能力，同时也能增强学生的自信心和竞争力。

（4）"证"即职业资格认证：重视职业资格证书的培训和认证，通过考取相关职业资格证书，提升学生的就业竞争力，增加职业发展机会。

岗课赛证旨在将教育与实际职业需求更紧密地结合起来，以培养具备实用技能和竞争力的人才。为了实现这一目标，需要关注以下几点。

（1）与职业需求对接：岗课赛证的核心思想是将教学内容与学生当前和未来的职业需求紧密对接，确保学生毕业后具备满足市场需求的技能和知识。

（2）实践导向的教育：岗课赛证鼓励学校和教育机构提供实践性的教育体验，包括实习、实训和项目工作，以帮助学生将理论知识应用到实际工作中。

（3）个性化学习：岗课赛证支持个性化学习路径，根据学生的兴趣和能力来设计教育计划，以确保每个学生都能最大程度地发挥潜力。

（4）终身学习：岗课赛证理念认为学习是终身的过程，不仅仅局限于学校教育阶段，而是持续发展和适应职业需求的过程。

岗课赛证综合育人模式的实施，不仅仅是职业教育各领域资源、信息、能力、机制的整合，更是对人才培养的一种创新模式。通过促进产教融合，满足产业界、教育界、竞赛界、证书界四大系统的人才需求，实现人才供需的有效联结，同时也推进了教育链、人才链与产业链、创新链之间的有机衔接。这种模式的实施，既能够提高职业教育的适应性和实用性，有助于培养高素质的职业教育毕业生，为社会和经济发展做出贡献。同时，这种模式还能打破职业教育与职业市场之间的壁垒，提升职业技能培训质量，加速人才流动，提高职业教育的吸引力和社会地位，为职业教育改革和创新注入新的活力和动力。

为更好实践岗课赛证综合育人模式，我们需要了解其核心理念，在实践中以核心理念为准绳，将核心理念融入具体实践方案中，助力学生成才。岗课赛证的核心理念包括以下几个要点。

（1）教育与职业一体化：教育应该与职业需求融为一体，确保学生在学习过程中获得的知识和技能具有实用性。

将教育与职业需求密切结合，确保学生毕业后能够无缝过渡到职业生涯，这意味着：

①课程内容应该反映当前和未来工作市场的需求。教育机构需要与行业合作，了解最新趋势和技术，以便及时更新课程。

②学生应该有机会参与实际工作，如实习和实训，以便在真实工作环境中应用所学知识。

③教育机构和雇主之间的沟通应该更加紧密，以确保教育培训与实际职业需求的一致性。

（2）能力优先：岗课赛证强调培养学生的能力，包括解决问题的能力、创新能力、沟通能力等，而不仅仅是传授知识。

①解决问题的能力：学生应该具备分析问题、提出解决方案的能力，能够灵活应对各种挑战。

②创新能力：鼓励学生思考创新的方法，推动行业进步和发展。

③沟通能力：学生需要能够有效地与他人合作，进行沟通和协作，以实现共同目标。

④批判性思维：培养学生批判性思考，能够审查信息、评估证据并做出明智的决策。

（3）综合评价：岗课赛证模式认为传统的考试和成绩单不足以全面评估学生的能力和素质。因此，它强调：

①综合评价方法，包括项目评估、实践考核、实习评估和口头表达等，以便更全面地了解学生的表现。

②证书应该明确反映学生的能力和成就，以便在职业市场上获得

认可。

（4）社会责任感：教育应该培养学生的社会责任感，使他们成为具有良好道德和伦理观念的职业人士。这包括：

①道德和伦理教育，使学生具备良好的道德价值观，能够在职业领域中做出道德决策。

②社会参与和公益活动，鼓励学生积极参与社会服务和社区建设，体现社会责任。

（5）持续学习：岗课赛证认为学习是终身的过程，不仅仅局限于学校教育。这意味着：

①学生应该具备自主学习的能力，能够不断自我更新和适应职业领域的变化。

②教育机构应该提供继续教育和职业发展机会，以满足职场上不断变化的需求。

总之，岗课赛证的概念和核心理念代表了一种以学生为中心、实践为导向、终身学习为特征的教育模式。它的目标是培养具备实际技能和竞争力、具有社会责任感的职业人才，以适应快速变化的职业环境。这一教育理念在不断推动教育领域的改革和创新，以满足现代社会的需求。

1.3 岗课赛证的逻辑内涵

岗课赛证综合育人模式的核心是将产业界、教育界、竞赛界和证书界四个系统进行深度融合，以满足市场对人才的需求。岗课赛证综合育人模式是随着产教深度融合需求的不断发展和职业技能大赛、"1+X"证书制度等作为产教深度融合"推进器"的作用不断显现而被广泛认可的，其联接产业界、教育界、竞赛界、证书界四大系统，在市场人才需求侧和人才培养供给侧的双向结构要素中深度融合，构建新时代高职院校人才培养的综合育人模式①。通过与产业界深入对接，了解市场需求的变化，调整课程设置和教学内容，使教育与实际需求紧密结合。与竞赛界的联接可以提供一个平台，让学生有机会展示和切磋自己的专业技能，激发学生的学习兴

---

① 张慧青，王海英，刘晓. 高职院校"岗课赛证"融合育人模式的现实问题与实践路径 [J]. 教育与职业，2021（21）：27-34.

趣，提升学生的技能水平，提高其竞争力，推动教学改革。通过与证书界的紧密合作，可以为学生提供相关职业技能等级证书，增强学生的就业竞争力和增加职业发展机会。岗课赛证综合育人模式突出了对市场需求的关注和对学生能力的培养，将学校教育与实际工作需求有机结合起来，为学生提供更加符合市场需求的职业教育，有助于培养适应现代社会发展需要的高素质技术技能人才。

岗课赛证以高素质技术技能人才供需为抓手，联接产业界、教育界、竞赛界、证书界四大系统。产业界提供高素质技术技能人才需求导向，教育界提供人才培养机会，竞赛界提供人才展示平台，证书界提供人才认可凭证。通过四个系统的联接，推动高职院校教育教学活动实现四个育人要素的融合。这种融合包括职业标准、课程标准、技能竞赛标准与技能等级证书标准的融合；企业培训内容、教学内容、竞赛项目与 X 证书培训内容的融合；生产过程、教学过程、赛训过程与 X 证书考试流程的融合；企业考核形式、课程评价方法、竞赛评分标准与技能鉴定方式的融合。

四个融合推动了以企业资源（企业大师、工作场地设施、校企合作投入资金、生产情境、企业文化氛围等）、学校资源（师资、模拟实训场地、学校经费、实践环境、校园文化等）、大赛资源（专家裁判资源、技能竞赛平台、大赛组委会经费、竞赛氛围、大赛环境等）、证书资源（行业专家资源、证书认定平台、证书认定费用、考证情景、行业文化等）为代表的人力、物力、财力、环境、文化五大资源要素的全方位融合。通过岗课赛证四大主体及四大育人要素、五大资源要素的相互融合，实现课程改革，培养适应经济社会发展的高素质技术技能人才。

从逻辑上看，岗课赛证四要素构成了一个闭环的逻辑关系网。其中，"岗""课""赛"和"证"之间相互依存、相互联系、相互作用、相互融合，共同构成了一个有机的整体，持续提升人才培养质量。在这个逻辑关系中，"课"是核心和纽带，连接了"岗""赛"和"证"三个要素，起到桥梁、中介和调节的作用。"岗"指与专业相关的工作岗位，为课程内容的制定提供了依据和标准；"课"指与专业相关的学校课程，是教学的核心；"赛"指与专业相关的职业技能比赛，促进了课程内容的提升和升华；"证"指与专业学习相关的各类证书，是检验学生学习效果的"试金石"。在运行机制上，这四个要素相互依存、相互联系和相互作用，共同构成了一个有机的整体，致力于持续提升人才培养质量。岗位的设置为课程教学内容提供了依据和参考，课程教学的有效实施可以帮助学习者获取岗位所需的知识和技能，职业技能比赛的开展可以进一步检验课程教学的效果，职业资格证书的获取可以促进学生对课程学习的提升，同时提升学生的参赛水平和综合就业能力。

自"双证制"课证融通理念进入高职课程建设以来，一些高职院校在岗课赛证课程融通的价值取向上存在观念上的冲突。有的院校倾向于"证"，专业课程设置完全围绕职业资格证书或 X 证书展开，证书考试考什么就教什么，怎么考就怎么教，片面追求考证的通过率，有时还极端地认为证书多多益善；有的院校倾向于"赛"，高度关注大赛结果所特有的属性，如标志性、权威性等高利害性结果，因而，在人才培养方案中随意增加一些职业技能竞赛项目训练课时量，把课程建设的重心放在对比赛"套路"的解读和训练上，热衷于获得比赛名次；更有院校对于举办方影响力强、"含金量"高的"赛""证"尤为青睐，由院校统一组织学生参加，或者完全依靠行政命令"一刀切"确定"赛""证"项目和选手，要求学生被动接受，并将参与结果与学业成绩、就业推荐等挂钩，而对其他"赛""证"则不予重视，院校不统一组织，任凭学生自发参与①。这些做法没有考虑到高职学生的实际需求和综合发展，忽视了"岗""课""赛""证"之间的联系，造成了课业的简单叠加，增加了学生的课业压力，降低了课程的吸引力。尽管这种做法或许能提升学校"知名度"，促进少部分学生的综合职业能力和就业发展，但它忽视了大多数学生的长期发展，甚至会使融通课程建设陷入"应试教育"的怪圈，或者陷入"商业化运作"的泥潭。因此，推进岗课赛证综合育人，必须回归其初始功能定位，将最终价值定位于"人人皆可成才"的目标。

本着不放弃任何学生以及不让任何学生掉队的原则，高职院校应该坚持以人为本的原则，突出发展本位，充分保障学生的主体地位，尊重学生的职业规划意愿和发展特长，确保所有学生的参与、竞争的公平，以及人人从中受益。同时，高职院校还应改革课程管理机制，为学生创造更广阔的发展空间和更大的自由度，鼓励学生跨越时空限制进行选课和听课，充分挖掘学生的潜能，全方位打造一个能让每个学生都有机会成为人才并发挥才华的职业教育平台。这样的价值取向，与近百年前黄炎培先生提出的

---

① 王丽新．李玉龙．高职院校"岗课赛证"综合育人的内涵与路径探索［J］.中国职业技术教育，2021（26）：5-10.

"大职业教育主义"思想不谋而合,其核心理念都是将职业教育与综合素质教育相结合,致力于培养具备职业技能和综合素养的全面发展型人才。我们可以借助大职教观进一步解析岗课赛证综合育人的逻辑内涵。具体表现在以下几方面:

(1)职业教育应社会化育人。作为与经济社会发展联系最为紧密的教育类型,职业教育只有在与社会相融合的过程中才能充分发挥作用。大职教观认为,职业教育应该以社会需求为导向,培养人才,并采用社会化育人模式。这意味着职业学校需要与社会保持密切联系,不断调整专业方向,培养符合社会需求的人才。黄炎培先生曾指出,"办理职业教育,必须注意时代趋势和应走之途径,社会需要某种人才,即办某种学校",也就是说,职业教育应该遵循"做学合一"的原则,即学生除了在校学习外还应前往工作单位实习,在证明能胜任工作后才可获得毕业证书。同时,职业教育需要加强与社会的联系,实现学校与社会共育人才的目标。

职业教育岗课赛证的要素属性中,"岗"与"证"为社会元素,"课"与"赛"为教育元素,这体现了职业教育社会化办学的思想主张。职业教育岗课赛证综合育人模式的关键在于打造职业教育专业课程,以适应企业岗位与职业资格证书、职业技能等级证书的要求。这有助于促进社会元素与教育元素的相互融合,使职业教育人才培养体系与经济社会发展需要高度匹配,这与大职教观的主张和要求是一致的。同时,岗课赛证综合育人的内涵与大职教观的主张和要求也是相符合的。因此,大职教观是指导职业教育岗课赛证综合育人模式的坚实学理基础。

(2)职业技能人才应全面发展。职业技能教育是为培养实用型的技术技能人才而设计的教育模式。全面发展职业技能人才指的是除了扎实的专业技术知识和优秀的实践技能之外,还应具备正确的世界观、人生观、价值观,良好的道德品格和出色的职业素养。注重人的全面发展是大职教观的核心内容,也是职业技能人才培养应遵循的基本理念。黄炎培先生非常重视对学生的人格和精神教育,并且注重培养学生的个性发展和创新精神。例如,他在中华职业学校开学集会的演讲中要求全校学生拥有"金的人格""铁的纪律",具有高尚纯粹的人格、博爱互助的精神、侠义勇敢的气概、刻苦耐劳的习惯。再如,他曾说,"仅仅教学生职业,而于精神的陶冶全不注意,是把一种很好的教育变成'器械的教育',只能是改良艺徒培训,不能称之为职业教育"。

职业教育岗课赛证综合育人模式是促进学生全面发展的重要手段。大多数职业院校学生是青少年，正处于塑造正确思想观念、健全个人品格和道德品质的关键时期，而这需要在理论与实践相结合的环境中完成。此外，成为优秀职业者所需的综合职业素养，如职业意识、职业精神和职业习惯等，也需要通过真实工作情境中的思考和锻炼才能逐步内化于个体之中，成为其稳定的精神和行为素养。因此，职业教育的岗课赛证综合育人的目标是将实践教育的"岗""证""赛"与理论教育的"课"充分结合起来，使职业院校学生在学习专业知识和技术技能的同时，也能获得全面的精神教育和综合职业素养的培养，从而实现个人能力素质的全面提升和个性的全面发展。

（3）职业教育应注重知识与能力的复合性。职业教育的目标是培养解决生产和服务实践中各种实际问题的专业人才。由于实践本身具有复合性，任何生产实践和服务实践都需要应用多种学科知识和技术技能，因此，职业教育人才培养必须注重能力形成的复合性，完善知识和能力结构，培养适应社会生产和服务实践需要的专业人才。很早之前，黄炎培先生认识到劳动者的知识和能力的复合性特征，并倡导立体的教育，即培养知能复合型人才。

职业教育岗课赛证综合育人模式与黄炎培先生"大职业教育主义"的思想相一致，都认为知识和能力的复合是培养专业人才的基本理念。从狭义角度来说，职业教育人才培养需要教授学生扎实全面的专业知识，以及训练学生精湛实用的实操技能。实现这个目标需要将岗位实际技能需求融入课程内容，将入企顶岗实训融入人才培养过程，并将职业资格证书和职业技能等级证书考核纳入人才评价体系，使得理论教育与实践教育完全融合。从广义角度来说，职业教育人才培养需要具备一专多能的特点，不仅在专业领域具有突出的知识、技能和经验，还需要具备较高的相关技能。实践育人是岗课赛证综合育人模式的重点，通过学习行业领域中的证书，走上工作岗位进行劳动实践，可以更好地激发学生学习多门学科知识、获得多种职业能力和专业技能的内在动力，更有利于学生形成复合知识、复合思维和复合能力。

1.4 岗课赛证综合育人对高职院校的意义

新时代高职教育的发展已经转变为追求内涵质量的提升而非规模扩张，其责任是培养受过良好教育的、具备创新型能力的复合型高素质技术技能人才。这也是高职院校实现高质量转型和高质量发展的必然选择。岗课赛证综合育人强调一体化设计技术技能人才培养方案，把真实情境的岗位典型工作任务融入课程，把富有趣味的技能竞赛融入案例和情境训练，把具有含金量的职业证书融入学习成果评价，实现相互间的有效衔接和有机融合，使课程教学理实一体充满活力，形成德技并修、理实并重、手脑并用、工学结合的技术技能人才培养模式[①]。作为培养高素质技术技能人才的重要途径，高职院校采用岗课赛证综合育人模式具有深刻的时代意义。

（1）岗课赛证综合育人模式顺应了产业转型升级对技术技能人才的现实需求。职业教育与经济社会发展之间存在着直接、密切的联系，职业教育连接产业和就业，具有推动经济发展、优化就业格局和促进个人发展的功能。岗课赛证综合育人模式与产业对技能人才的需求相吻合。由于技术和产业的不断升级，产业需求与人才培养供给出现结构性失衡问题，涉及结构、数量和质量等方面。特别是在许多生产方式已实现智能化，操作设备和技术变得复杂，以及岗位流动性日益加快的情况下，单一专业和技能已无法满足产业发展的需求。一方面，随着智能化生产组织方式的变革，操作设备和技术的复杂性不断增加。另一方面，产业转型升级过程中，企业组织架构变得更加灵活，岗位间的界限开始变得模糊化，进一步加快了岗位之间的流动速度。在这样的环境下，那些只精通某一职业领域专门知识和技能的单一化技术技能人才已难以满足当今产业发展所需。现有的职业教育课程教学内容无法满足经济、技术和社会快速发展的需求，导致从业人员职业能力存在缺陷。岗课赛证综合育人模式通过融合产业、教育、竞赛和证书四大体系的培养要求，通过将现实岗位典型工作任务融入课程，将富有趣味的技能竞赛融入案例和情境训练，将具有含金量的职业证

---

① 曾天山. 试论"岗课赛证"综合育人 [J]. 教育研究，2022（5）：98-106.

书融入学习成果评价，实现了三种方案之间的有效衔接和有机融合。岗课赛证综合育人模式充满活力，教学内容实用，注重德技并修、理实并重、手脑并用、工学结合等，形成了一种高水平的技术技能人才培养方式。岗课赛证综合育人模式有效地缓解了高职院校人才难以获得企业认可等问题，进一步满足了现代经济社会产业转型升级的需求。

因此，职业教育需要增强适应性，重点解决学习与实践脱节以及技能滞后的问题，要求人岗匹配，强调学习和实践的一致性和实效性。这就要求职业教育从传统的"学问思行"知识育人模式向技能教育的"学练赛考"的岗课赛证综合育人模式转变。通过政府、行业、企业、学校和科研机构的协同合作，将产业和教育科研融合在一起，及时更新专业标准、课程标准和教学标准，将新技术、新工艺、新规范、典型生产案例纳入教学内容，将先进的岗位要求、技能大赛和职业证书标准融入人才培养方案。通过采用岗课赛证综合育人模式，能够适应技术变革和产业优化升级，推动专业设置、人才培养与产业需求、岗位能力相匹配，实现专业设置与产业需求的对接、课程内容与职业标准的对接、教学过程与生产过程的对接。学校与行业领军企业共同制定人才培养方案和专业课程标准，共建产教融合的实习实训基地和产业学院，以真正实现课程设置与行业需求的融合。这种合作可以在两个方面带来益处：一方面，通过利用企业的优质资源来弥补学校实训条件的不足，加强实训环节的教学，从而巩固岗课赛证综合育人模式的实际基础；另一方面，借助校企合作共建的研发中心，促进高校课程开发与实际生产的结合，推动企业技术创新。通过有机结合"引岗入课"和"引课入岗"的方式，形成"岗课"联动的课程运行机制，实现高职院校岗课赛证的深度融合。

（2）岗课赛证综合育人模式展现了职业教育建设的特征需要。职业教育作为一种传承技能、改造世界的教育类型，本质上是技术教育，职业教育与普通教育不同，普通教育注重传授对世界的认识和培养学术型人才。《国家职业教育改革方案》提出了职业教育与普通教育同等重要的理念，要求"促进产教融合，校企'双元'育人"，为职业教育人才培养类型化改革指明了方向，标志着教育理念的重大变革。随后，全国职业教育大会进一步强调了加强职业教育类型特色、推进岗课赛证综合育人的新观点。《国家职业教育改革方案》还明确规定职业教育与普通教育具有同等重要的地位。

长期以来，我国的职业教育存在严重的"普教化"现象，根源在于人才培养模式和教学模式过于重视知识而忽视技能，过于重视理论而轻视实践。为了深入贯彻落实《中华人民共和国职业教育法》，我们应该着重在人才培养模式上突出技能学习。而岗课赛证综合育人的提出直接阐明了职业教育特有的"做中学"育人方式，体现了技术技能人才成长规律和职业教育办学规律，同时也是职业教育转变为企业社会参与和具有专业特色的类型教育的重要路径。高职院校岗课赛证综合育人模式进一步在人才培养类型化改革的基础上，在教学层面将类型教育的理念予以落实。"岗课对接"的重点在于构建产业链与教育链的统筹融合发展格局，校企共同构建适应产业发展需求的课程体系、教学模式、师资队伍和实训基地等，体现了"面向市场的就业教育"类型建设的需要。"课赛融合"以各级技能大赛为纽带，从技能大赛的准备、培训、参赛等方面持续提升学生的综合职业能力，让学生在团体竞技的氛围中获得"面向能力的实践教育"的锻炼。"课证互融"从整体行业需求角度出发，将 X 职业技能等级证书贯穿高职院校人才培养方案中，实现教学内容和 X 技能培训的相互融合，培养具备多种技能的复合型、创新型人才，以满足现阶段产业发展的要求。在高职院校的岗课赛证综合育人模式中，最重要的是实施"岗变课变"这一创新，以增强职业教育的适应性，并体现类型教育特征。通过综合育人机制，如"岗课对接""课赛融合""课证互融"，将职业岗位、行业认证和技能大赛中所需的能力和素养要求融入课程教学，实现岗课赛证的综合培养。这一模式能够解决教育与考试之间的脱节问题，以及考前临时培训的需求，培养出真正符合市场需求的复合型人才，为"三高四新"战略提供高素质的技术技能人才支持，并推动高职教育实现高质量发展。

（3）岗课赛证综合育人模式满足了学生高质量就业与可持续性发展的能力需要。高职毕业生的职业能力是实现高质量就业和可持续发展的重要前提。根据近五年的数据，用人单位对全国高职毕业生毕业时掌握的基本工作能力满足度从 2016 届的 83%上升至 2020 届的 86%，这说明高职毕业生所具备的素质能力逐渐与岗位要求对接，就业质量日益提高。但是，我们不能忽视"企业招工难"和"毕业生就业难"这两个问题仍然存在。其中一个关键原因是高职毕业生具备的能力难以满足企业的岗位需求，因而难以获得行业和企业的认可。岗课赛证可以满足企业对岗位发展的需求，并通过技能竞赛和技能等级证书来复合化、标准化、透明化高职学生的职业综合能力，从而使培养的人才得到社会和企业的认可。为了使高职毕业生具备的素质能力与企业岗位要求更好地对接，高职院校需要对教学体系进行重构，并优化课程内容。在共同认可的基础上，学生可以更满意地实现职业发展和价值实现。通过四级技能竞赛（从校级到世界级）和考取职业技能等级证书等方式，高职院校可以将学生的职业综合能力提升到更高的水平，学生在日常教学中可以获得更加贴近产业生产实际的锻炼机会，这样培养出的人才将得到社会和行业企业的广泛认可，从而实现高职院校学生的高质量就业。

目前，职业教育正在步入提质培优、增值赋能的新阶段，岗课赛证综合育人模式适应了技术变革和产业优化升级的趋势，满足了先进制造业、战略性新兴产业和现代服务业发展的需求。岗课赛证综合育人模式推动产教融合、校企合作和工学结合，实现教育与产业、学校与企业的双向驱动。通过系统的技能开发，岗课赛证综合育人模式可以提升产业基础高级化水平和产业链现代化水平，促进教育链、人才链与产业链、创新链的有效衔接。岗课赛证综合育人模式将真实工作领域任务转化为理论学习领域任务，将理论教学转化为真实工作情境，将培养学生一技之长转变为提高综合职业能力，开启了课程教学质量的变革。岗课赛证综合育人模式推动职业教育从社会期待的"大有可为"转变为实践中的"大有作为"。

（4）岗课赛证综合育人模式扎紧了产教融合校企合作纽带。无论是企业端的职业教育还是学校端的职业教育，都不能将教育局限在学术的"象牙塔"中，也不能将教育放在企业的生产环境中进行。职业教育应该关注就业导向的跨界教育，注重现代企业和现代学校、工作规律和学习规律、职业发展规律和教育教学规律的融合，通过合作办学推进发展，通过合作育人促进就业。产教融合是职业教育的社会化过程，是产业和教育在技术、生产、实训、资源和文化等方面的深度融合，即在真实的生产环境中进行教学，将教学与实际的生产结合起来。企业和学校是产教融合的主要实施主体，产教融合是一个双向的过程，需要通过岗课赛证这种具有可操作性的育人模式来形成利益共同体，在工艺改进和人才培养方面实现双赢。只有这样，产教才能真正地融合起来，学校和企业才能真正地合作起来，共同制定技术技能人才培养方案，分析行业和企业对人才的需求，明确岗位的核心技能，共同开发基于学生情况的课程资源，共同承担以岗位为导向、将比赛促进学习、以实践和证书相结合的任务。

在职业教育迅速发展的现代社会，实施岗课赛证综合育人模式是提升高职院校内涵建设和提高人才培养质量的重要措施，也是促进现代职业教育高质量发展的有效手段。首先，可以为社会培养大量具备强大工作能力、高水平技术和全面综合素质的复合型应用型人才，解决人才培养与岗位需求、专业设置与产业发展、课程教学内容与工作过程不匹配和不适应等关键问题。其次，可以推动高职院校人才培养模式的改革。岗课赛证的融合可以实现课程设置与工作岗位需求的对接，课程内容与职业技能大赛、职业资格证考试的对接，从根本上解决高职院校人才培养面临的困境。再次，可以推动高职院校全面育人的有效实施。通过将工作岗位、职业技能大赛、职业资格证书等内容有机融入课程教学中，可以对学生进行全方位、全过程的引导和教育，使学生提前了解工作岗位性质，熟悉行业标准，掌握扎实的专业知识和专业技能，促进学生综合素质和综合能力的提升，为实现全员教育、全面教育和全过程教育提供重要支持。最后，可以推动高职院校深化校企合作和产教融合的教育模式改革。高校通过以课程建设为载体，与企业建立深度合作关系，以学生综合素质和能力提升为目标，双方基于岗课赛证融合来共同开发课程资源，共同制定课程、教学、技能和证书标准，实现课程资源共建、师资共享和人才共育，进一步提升人才培养质量。

1.5 岗课赛证与职业能力培养的关联

岗课赛证综合育人模式与职业能力培养有着密切的关联，因为它是一种旨在培养学生职业能力的教育模式。

从实际工作经验来看，岗课赛证综合育人模式注重为学生提供获得实际工作经验的机会。学生在课程中通常会参与实际项目、实习或工作岗位，这有助于他们将理论知识转化为实际应用技能。这种实际经验是职业能力培养的重要组成部分，因为它能够使学生了解职业生活的要求和挑战。实际工作经验是指学生在真实职场环境中参与工作任务和项目的经历。这种经验对于职业能力培养至关重要，因为它提供了理论知识以外的学习机会。在实际工作中，学生面临真实挑战、问题和任务，这迫使他们将课堂学习中获得的知识和技能应用到实际情境中，从而更好地理解和掌握相关概念和技能。岗课赛证综合育人模式强调将学生置身于实际职场中，使他们能够亲身经历和参与各种工作任务。这可能包括实习、实训项目等。通过这些实践机会，学生能够学习并应用职业技能，与同事互动，了解职业文化，并在真实情境中测试他们的知识和能力。实际工作经验有助于学生将学术知识转化为实际技能。在课堂中学到的理论知识可能会显得抽象或理论化，但实际工作经验可以帮助学生将这些知识应用到实际问题中。这种知识转化是职业能力培养的关键步骤，因为它能够使学生更好地应对职场挑战。通过实际工作经验，学生能够更好地适应特定职业领域的要求，他们可以了解行业的最新趋势、技术和实践，并逐渐发展出在该领域中成功的能力和自信心。拥有实际工作经验的学生在毕业后更容易找到相关工作机会，因为雇主通常更倾向于雇佣具有实际经验的应聘者。此外，这些学生也更有信心和职业准备，能够在新工作中更快地融入团队并做出贡献。

从职业技能培养角度来看，岗课赛证课程通常包括与特定职业领域相关的技能培训。学生通过参与这些课程，可以获得特定职业所需的技能，如计算机编程、会计、汽修、喷漆、钳工等，这有助于他们在毕业后快速找到相关职位并胜任工作。岗课赛证综合育人模式的核心是实践经验。通过实际工作、课程项目和竞技竞赛，学生有机会在真实世界中运用他们所学的知识和技能。这种实践经验对于职业技能的培养至关重要，因为它让学生能够在实际情境中练习这些技能。岗课赛证综合育人模式通常要求学生在多个方面展示他们的能力，包括学术知识、实际工作能力、解决问题的技巧以及竞技竞赛中的表现。这种综合性的要求促使学生在各种技能和素质方面进行全面提升，从而更好地为职业生涯做准备。岗课赛证综合育人模式强调培养与职业相关的技能和知识，这意味着学生在完成课程、工作项目或竞赛时，通常会接触到与他们未来职业领域密切相关的内容。这有助于他们在职场中快速找到工作并取得成功。通过参与岗课赛证综合育人模式，学生有机会实际应用所学知识和技能，并在实践中验证自己的能力，有助于提高他们的自信心，并使他们在职业市场上更有竞争力。

从综合素质教育角度来看，职业能力不仅包括专业技能，还包括综合素质。岗课赛证综合育人模式强调培养学生的综合素质，包括创新能力、批判性思维、沟通技巧和团队合作能力，这些素质对于学生在职场中取得成功非常重要。岗课赛证综合育人模式通常要求学生参与综合性项目，这些项目可能涵盖多个学科和技能领域。例如，一个团队可能需要合作完成一个实际项目，并且在项目中需要运用各种知识和技能，从而培养学生的综合素质。岗课赛证综合育人模式鼓励跨学科学习，学生不仅要掌握自己专业领域的知识，还需要了解其他相关领域的内容，这有助于培养学生的综合素质，使他们能够更好地应对复杂的问题和挑战。岗课赛证综合育人模式通常要求学生进行反思和自我评估，以识别他们的强项，获得改进的机会，这种反思过程有助于培养学生的自我管理、自我学习和职业发展能力。

从解决问题的角度来看，岗课赛证综合育人模式通常要求学生具备解决实际问题的能力，这有助于培养学生解决问题的能力和决策能力。解决问题通常需要创新和创造力，这也是岗课赛证所注重培养的能力之一。学生在实践中不断面对新问题，需要寻找创新的解决方案，从而培养了创新思维和创造力。岗课赛证综合育人模式通过实践、跨学科学习、团队合作、创新等活动，为学生提供了培养解决问题的能力的机会，这种能力对于学生的职业发展和个人成长具有重要的意义。

从职业导向角度看，岗课赛证综合育人模式强调将学生聚焦于未来的职业目标。通过与相关行业和企业的合作，学生可以更好地了解不同职业领域的需求，并有机会建立职业网络，为将来的职业发展做好准备。在岗课赛证项目中，学生通常会受到职业导师或指导老师的支持和指导，这些导师可以为学生提供职业建议、行业见解和职业规划方面的帮助，帮助他们更好地理解和规划自己的职业发展。通过岗课赛证项目，学生有机会建立职业网络，与行业内的专业人士、同事和导师建立联系，这些职业关系可以为学生将来的职业发展提供支持和机会。岗课赛证项目鼓励学生思考自己的职业目标和职业规划，并帮助他们实现这些目标，这有助于学生更有针对性地进行职业规划，准备好面对未来的职业挑战。

从社会责任感角度来看，岗课赛证综合育人模式还注重培养学生的社会责任感。学生了解到他们的职业选择和行为对社会和环境有影响，因此应该在职场中表现出良好的道德和伦理。在岗课赛证项目中，学生经常需要面对职业伦理和价值观的问题，他们需要在实际工作中权衡各种利益，并做出符合道德和社会责任的决策，这有助于培养学生对社会责任感的认识，并教育他们如何在职业中采取积极的社会行为。一些岗课赛证项目可能要求学生对他们的工作和项目的社会影响进行测量和反思，这有助于学生深入思考自己的职业活动如何影响社会，并如何通过工作来实现社会责任。在岗课赛证项目中，学生有机会在企业或非营利组织工作。这些组织通常以实现社会责任为使命，因此学生在这些环境中工作能够更直接地体验社会责任是什么。

岗课赛证与职业能力培养关联密切，因为它提供了一种将实际工作经验、职业技能培训和综合素质教育相结合的方法，旨在培养具备职业竞争力的学生。这一教育模式能够为学生提供更好的职业准备，使他们在职场中取得成功。

2 路径探索：岗课赛证的实践路径

2.1 课岗对接：课程与岗位的有机结合

职业教育的目标是培养学生具备胜任职业岗位所需的实际能力，因此建立课程体系应该以岗位的核心工作任务为依据。课程体系是实施职业教育的具体载体，是培养学生的过程。职业技能等级证书是学校育人成果的一个体现，它反映了学生是否具备合格的职业技能水平。职业技能大赛的试题要按照国家职业标准的相应等级要求来命制，这有助于提高人才培养的质量和水平。然而，从一个更综合的角度来看，完成岗位实践、参加职业技能大赛、获得职业技能等级证书的最终目的都是为了提升课程的育人效果。然而，在现实中，职业院校大多依据国家教育方针进行课程设置，却忽视了企业的岗位能力要求，存在课程设置与岗位能力脱节等问题。并且，课程微观内容的选择与编排远未跳出学科体系的藩篱。因而，在这一传统观念束缚下编写的教材始终不能适应职业工作的需要。在人才培养的过程中，构建良好的课程体系非常重要，实现岗位与课程的融通，将课程和职业技能等级认证相结合，通过课程与赛事的融通，能够更好地达到高职院校岗课赛证育人的目标和效果。

2.1.1 构建课岗对接的课程体系

要想构建良好的课程体系，实现岗位与课程的融通，需要将课程与岗位有机融合。一方面，职业院校根据企业行业人才需求标准，依托自身资源优势，为企业提供专业化服务，凸显企业岗位能力需求和专业人才培养目标的融通。另一方面，企业将岗位需求融入课程体系设计，兼顾学校人才培养目标，在专业技能、岗位能力、职业素养等方面探寻学校和企业的共性需求和资源，创设符合校企双方内在需求的合作载体，实现企业岗位能力需求与学校专业课程设置的融通。

岗课对接模式是指立足行业岗位的培养培训标准，科学分析岗位的内在要求，将职业岗位所要求的理论知识、操作技能及职业素养细化、融入高职院校的课程之中，通过项目引领、任务驱动、工学交替的教学模式，将教学过程与生产过程融通、课程标准与岗位标准融通，使学生具备完成典型工作任务所需的知识、能力、素质，实现企业岗位能力需求与学校专业课程设置的融通[①]。由于我国职业教育研究起步较晚，课岗融合的理论研究成果较少，因而在课岗融合实践过程中，存在着如下亟待解决的问题。

（1）课程目标滞后社会需求。

职业教育的目标不仅是解决学生的就业，更是为社会提供大量技术精湛且具备技术创新能力的专业人才。课岗融通的全面实现需要遵循学生的培养规律，以培养有职业感的学生为目标，让学生在职业行为状态下早日感受和理解他们现在的学习和未来的工作，成为市场经济发展所需的技术技能人才。为了实现这一目标，校企合作课程建设的理念应该是学校与企业共同合作建设课程，使学生通过学习课程实现学校与企业双方的人才培养目标。不仅要培养工匠技能人才，更重要的是培养具有工匠精神和职业操守的匠人。然而，在具体的课程共建目标定位上，职业院校只强调对学生课程知识的传授和相关技能的培养，却忽略了对学生职业道德、职业意识和职业行为等方面的培养，导致校企培养的学生具有匠技，但却缺乏匠心。

（2）课程内容隔离岗位能力。

课程是高职教育校企合作的基本单位，工学结合则是实施课岗互通的核心要素。这就要求职业院校的课程内容要与企业岗位能力贯通融合。然而，在现实中，课程内容与岗位能力脱节，产生这一现象的原因在于课程建设的形式过于单一。虽然课程置换和课程共建是校企合作的重要形式之一，但在学校本位的人才培养模式中，课程内容的编制必然以教育主管部门的政策指令为纲。而教育主管部门是从宏观和中观层面提出人才培养的总体要求。加之，职业院校由于受订单培养和传统校企合作模式的影响，

---

① 马玉霞，王大帅，冯湘. 基于"岗课赛证"融通的高职课程体系建设探究 [J]. 教育与职业，2021（12）：107-111.

以及受自身条件限制，虽然能把握课程自身的需要，但不能准确地、透彻地、前瞻性地把握企业的人才需求标准和岗位能力标准。而企业人员虽然对人才培养需求和自身发展需求有充分了解，但对课程内容不了解，对职业教育的培养模式和方法也没有深刻理解，双方签订的合作协议更多情况下只限于对员工标准提出要求，具体应该编制什么样的课程内容来达成这一目标，企业也不能提出具体的要求。这就造成课程设置标准与当下岗位能力标准相差甚远，课程设置内容明显滞后于企业用工标准，表现为课程内容陈旧、能力标准落后，学生学到的专业知识和实践技能适应不了企业岗位能力需求，无法得到用人单位的认可。合作企业由于对课岗互通的认识不足、理解不透彻，或参与编制课程内容的方式不当，出现了课程设置过于简单或过于复杂，没有与岗位能力有效融通。

（3）课程实施忽视学生初学者身份。

在实施课岗互通的过程中，课程实施应基于工作过程的情境化、具象化过程。培养人才的过程中，企业不再只是简单参与，职业院校也不再是学校本位的订单培养。实际情况是，虽然企业也参与了课程设置，但由于企业对课岗互通的理解不够透彻、认识不到位，导致课程实施陷于表面化的校企合作。具体表现在以下几个方面：第一，企业仍希望直接享用学校的培养成果，在专业技能实训和顶岗实习时处于不作为状态，企业技术人员对学生缺乏必要的岗位能力指导，即便进行了专业培训也只是抱着走过场的态度。第二，课程实施基本上仍由学校主导，实训和顶岗实习仍然是学校的独角戏，企业在课程实施中只是配角，不关注课程实施的培养目标，只关注学生能为企业带来多少经济效益。第三，工学交替的教学模式缺乏，实训教学和顶岗实习没有衔接好，学校本位的知识学习与企业本位的技能训练不能满足岗位能力要求，即便学生到企业顶岗实习，企业仍认为这是学校教育行为而非工作行为，对学生只是进行制度化管理。

单单校企共建的育人机制无法满足岗位能力要求，还需要对达成培养目标的课程进行重新构建。目前，部分实施课岗互通的职业院校，试点专业的课程体系与教学模式仍停留在学校本位阶段，没有完全突破传统学科体系的束缚。企业的岗位能力要求与专业课程体系的融通性差，岗位能力标准无法有机地融入课程内容，校企更加强调学校教育的课程化，却减弱了岗位性。因此，构建岗课融通的课程体系显得尤为重要。

首先，明确企业课程的职业性和岗位性协同的观念。企业课程是学生在工作场域学习的课程，如企业生产性课程和企业文化课程等，是一种合作性教育。在实践过程中，企业课程强调个体参与，学习的重点是学而不是教，这恰好展现了职业教育的特点。通过校企共享，企业资源得以发挥作用，可以提高学生的学习积极性，提高未来职业岗位能力。企业课程的开发应该采用校企双元主导的合作模式，发挥企业技术人员、职业教育专家、专业教师和学科带头人等多方面人员的作用，开设有针对性的企业校本课程，编制岗课融通的教材。

其次，明确岗课融通的课程目标。学校和企业可以按照岗位能力要求，融入职业资格标准，兼顾学生和未来发展需求，以专业人才培养为出发点，编制符合学生认知规律和职业成长规律的课程内容，形成融合职业道德、职业技能、岗位能力和职业意识为一体的课程目标。对于各种课程，如文化基础课程、专业理论课程、专业实训课程、企业生产性课程和企业文化课程，要按照岗课融通的标准确定其课时比例。

再次，编制岗课融通的课程内容。文化基础课程应能为学生未来职业发展打下坚实的必备知识基础，专业理论课程应该为学生职业专业化发展提供理论支撑，专业实训课程应该满足学生操作技能需求，企业生产性课程应该满足学生的岗位能力培养需求，企业文化课程则应该为学生树立职业意识和岗课融通的课程体系。

最后，实现岗课融通评价主体的多元化。学校专业课程与企业岗位技能的融会贯通是实现课岗互通的有效模式，因此其课程评价的主体呈现多元化，包括学校教师、企业师傅、社会机构和行业专家等。基于培养目标和课程标准以及行业标准，学校和企业可以根据合作协议制定学业标准和学徒标准相结合的评价方法，以避免出现考证与实际工作岗位相脱节的现象。

2.1.2 设计课岗对接的实施模式

教师是课程实施的关键，岗课融通的师资队伍对人才培养质量至关重要。校企可以采用以下方法组建岗课融通的教师队伍：一是共建双师互动的教师培养模式，即学校将企业师傅视为企业导师，将学校老师视为学校导师，定期交换师资培养场所。企业师傅通过学习科学有效的教学方法，将自身实践经验传授给学生。学校导师进企业可以了解企业的人才需求，同时提高自身实践技能。二是以在岗交互为基础，组建教师专业发展共同体。学校和企业各自选拔优秀教师和专业技术人员，成立教师专业发展共同体，制定章程并进行评价。学校专业教师按照师资培养计划到企业进行专业实践培训，掌握行业企业的岗位能力要求；企业选派技术人员到学校了解学生专业水平，接受教育技能培训，提高授课水平。三是以轮换互融为目标，提高师资专业水平。企业技术人员和学校教师在专业知识、教学技能、课程实施等方面进行融合，轮换岗位，共同研讨专业知识和教学技能，提高师资队伍专业水平。

在教学过程中，需要有四个螺旋递进式训练阶段，以符合学生的认知规律。这四个阶段分别是基础技能训练阶段、岗位基础技能训练阶段、岗位能力综合训练阶段和企业一线从业能力适应性训练阶段。具体而言，基础技能训练阶段旨在提升学生兴趣、引领入门、夯实基础；岗位基础技能训练阶段旨在让学生认识企业岗位工作，扩大就业技能面；岗位能力综合训练阶段旨在实现专精、实训，解决学生就业问题；企业一线从业能力适应性训练则以定岗实习课程为主，培养学生的岗位适应能力。分阶段、螺旋递进式设置实践课程，可以强化学生的技能训练，帮助他们逐步掌握岗位技能，实现从"学校人"到"准职业人"和"企业人"的飞跃。校企可以通过五岗式生产性教学，围绕岗位能力与专业课程进行识、定、试、轮、顶岗式教学，充分发挥岗课融通的优势。具体而言，学生进入现代学徒制试点专业后，第一步是到合作企业了解岗位职责，认识岗位能力要求；第二步是根据自己的特长选择岗位，即定岗；第三步是学徒在校企联合培养目标下，进入约为6个月的试岗阶段；第四步是学生试岗后，在企业技术人员的指导下，在企业员工涉及的岗位进行轮岗，了解企业生产的整个过程；最后，学生进入企业进行顶岗实训，由企业师傅和学校专业教师组成师傅团队进行指导。

在课程实践环节，为更好地与实际岗位融合，应该分阶段、螺旋递进式地实施课程实践，可注重以下几点。

（1）建设课程的数字化教学资源，构建虚拟仿真实践教学综合平台。学校可以与行业标杆企业合作，帮助专业教师对课程内容进行数字化改造和重建。针对实践性强，需要多次操作的课程，学校可以搜集项目化教学、数字化案例，将数字化教学内容资源部署到虚拟仿真实践教学综合平台上进行实践教学。该平台将理实一体化课、阶段实训课、综合实训课等三类实践场景结合在一起，通过虚拟实训环境、教学进度、教学内容资源的高度集成，在不增加教师负担的情况下，提高了学生的动手能力和项目完成数量，从而大大提升了课堂教学质量。

（2）校内实训与校外实习相结合。实践场所是完成实践课程的重要保障。在校内，学校提供多媒体实训室、程序设计实训室、电子商务实训室等设施，用于完成课程体系中的基础实训教学阶段的学习任务。为了提高学生的岗位基础能力，并与企业岗位工作内容对接，学生进入校内的跨企业培训中心完成岗位能力综合实践阶段的学习任务。该中心引进了世界一流企业认可的高技术培训资源，包括培训模块、培训方案和职业资格认证体系，成为学生模块化实训的稳定平台、企业紧缺人才培训基地和科研院所技术转换中心。除此之外，学校还与多家企业建立了良好的校企合作关系，建立了校外实习基地和"双元"师资培养工作站。通过合作共赢的方式，企业负责接收专业学生，提供真实岗位工作任务，开展实践课程体系中的最后阶段的学习，培养学生的企业一线从业能力。

（3）重视双师团队建设，保障实践教学质量。专业教师的素质是学校健康发展和提升实践教学质量的核心因素。因此，学校与企业需要共建"双元"师资培养工作站，推动"双元"师资团队建设。这里的"双元"是指培养"知识实践型"师资团队和"实践知识型"师资团队。前者有助于实现校内学术型教师向实践型教师的转变，后者则有助于促进企业实践型能工巧匠向知识型教师的转变，使其了解教育工作，为学校人才培养工作提供服务。学校可采取多种方式来提高教师的实践教学能力和素质。一方面，学校安排专任教师去专业对口企业挂职锻炼，承担企业工作任务，积累实际工作经验，从而提高实践教学能力；另一方面，学校邀请企业中有实践经验的工程师作为兼职教师，通过选派专任教师辅导和开展教育教学理论专题培训等形式，促进兼职教师熟悉教学方法，提高教学技能。专任教师和兼职教师共同承担岗位能力综合训练课程、定岗实习和毕业设计课程的教学任务。通过"双元"师资培养工作站的培养，既提升了专任教师的实战经验和能力，又提高了企业工程师的执教水平，最终实现了"双元"师资团队的打造。

2.2 课赛融合：课程与竞赛的有机结合

近年来，我国高职教育蓬勃发展，职业技能竞赛已成为常规教学活动，对我国现代职业教育的深化改革和发展起到了推动作用。我国组织职业技能大赛的目标是提高学生的职业技能，激发学习兴趣和动力，培养团队合作精神。因此，高职院校应准确定位专业人才培养目标，将职业技能竞赛与人才培养有效融合，构建实用性强的课程体系，注重学生的专业技能训练，培养高技能应用型人才。

职业技能竞赛可以完善人才培养方案。全国职业院校职业技能竞赛受到设备、场地、时间等因素的影响，竞赛的内容无法面面俱到。因此，必须选择一些典型的、充分反映各职业岗位核心技能的赛项，对学生的专业知识和技能水平等进行综合考核。这些竞赛的赛项内容对高职院校人才培养方案的制定和完善具有重要的导向作用。目前，大多数高职院校各专业都成立了专业建设指导委员会，并聘请了企业相关专家担任委员，结合区域经济发展和每一届学生的教学实施效果等情况，明确人才培养目标，确定出科学可行的人才培养方案。

职业技能竞赛可以提高人才综合素质。通过举行各类职业技能竞赛可以引入竞争机制，激发学生的学习积极性，唤醒学生的学习兴趣，改变学习方式，挖掘学生的潜能。同时，竞赛提供了一个展示个人风采的舞台，有助于帮助学生树立学习自信心。竞赛还有助于帮助学生发现自身存在的不足，及时弥补。此外，竞赛所营造出的职场氛围有利于锻炼学生的心理素质和应变能力，培养团队合作精神，增强集体荣誉感，从而全面提升个人综合素质，提高人才培养质量。

职业技能竞赛可以推动教学改革与专业建设。近年来，举办各层次、各类别的职业技能竞赛有效推动了我国高职教育的发展。参赛院校根据竞赛试题，总结对学生的训练内容、训练方式和训练方法，深刻分析比赛成绩，找出教学中存在的问题和不足。这样能对各专业的主干课程进行教学内容调整，或增设新课程，改革课程模式，重构课程体系，实现课赛融合。同时，指导老师还可以基于竞赛方式和评分标准的创新，改革各专业课程的教学方法和考核方式，深入开展教学改革。此外，竞赛这一平台能促进不同院校之间的资源共享和经验交流，促进学生的技能提升，提高教学质量。各类竞赛对高职院校的专业实践教学和实训设备等方面提出了更高的要求，学校应有计划地安排经费投入，建设和完善实训室的硬件和软件条件，以满足教学的需要。同时，要深化校企合作，推动实践教学体系和实训基地的建设与改革。

职业技能竞赛可以提升教师素质，打造优秀师资团队。技能竞赛是教师与学生学习和交流的平台，竞赛结果能很好地体现人才培养的质量。特别是全国性的职业技能大赛，它具有知识点新、涉及面广、实操性强等特点，因此要求有专业老师带队进行指导。这既是对教师职业技能的考验，也是对教师教学与实践能力的高要求。学校应通过营造学知识、练本领、比技艺的氛围，促使全体专业教师不断学习新知识、掌握新技能、拓宽视野，全面提升专业技能水平，推进各专业的教育教学改革。同时，还应不断加强团队协作意识，形成核心教学团队，加强双师素质教师队伍的建设。

2.2.1 构建课赛融合的人才培养模式

当前我国高职教育蓬勃发展，职业技能竞赛已成为各高职院校的常规教学活动，但是我们也应看到人才培养中依然存在一些问题亟待解决。

（1）人才培养目标不清晰，定位不准确。我国高职教育的人才培养目标是培养与我国现代化建设和社会经济现实及未来发展需求相适应的高技能应用型人才。高职教育应该重知识，重技能，与本科院校存在明显区别。据了解，大部分高职院校都以就业为导向，注重培养学生的职业能力，但都缺乏对专业核心能力的研究，具有较大随意性，在一定程度上影响了人才培养质量。

（2）教学目标不明确，教学方法不能与时俱进。某些专业的教学目标较为抽象，比如会计专业、软件专业，教师更多地关注学生学什么，而不是学会了这些知识能够干什么。教学过程中多侧重基础概念、理论等方面的知识讲授，缺少对职业判断、方法选择及运用能力的培养，知识结构和能力结构相对较为单一，教学方式仍然采用传授型的、继承性的教学方式。此外，不少高职院校的专业课程在本科院校相应专业课程设置的基础上进行修改，导致课程设置不合理、理论偏多、内容偏深，过分强调学科的知识体系，忽视了专业基本技能的培养。实践教学体系不完善，许多院校专业课程仍以理论讲授为主，实训课时占比较低，缺乏实践教学。同时，高职院校教师队伍中缺乏双师素质教师，大多数教师缺乏企业的实际工作经历和实务操作经验。课程评价方式相对单一，多采用期末考核的方式，过于单一的评价方式不利于考核学生的职业能力和综合素质等。这些问题都对专业人才的培养质量产生了一定的影响。

针对以上问题，职业院校应构建与实施"课赛融合"的人才培养模式。根据专业技能竞赛要求，将专业技能竞赛相关理论纳入专业教学环节，将专业技能竞赛有效地融入课堂教学、实践教学，学校可以设立竞赛管理机构和辅助平台，设立专项资金或评审渠道，设立相应的奖励机制等，保证课堂教学效果①。

首先，需要明确核心能力，制订紧贴需求的人才培养方案。高职院校人才培养目标与我国会计技能大赛的战略目标相一致。根据技能大赛对各专业核心能力的最新要求，并结合社会和行业对相应专业人才的需求研究，以各专业职业技能大赛为引领，确定适应社会经济发展需求的专业核心能力，制订紧贴现实的各专业人才培养方案，促进人才培养模式的改革。在制订各专业人才培养方案时，可以按照"重视基础素质教育，突出核心职业能力，强化实践教学"的原则，将专业课程分为"基本素质与能力课程"和"专业素质与能力课程"，采用平台式课程结构模式。此外，学校可以邀请行业和企业的专家组建专业建设指导委员会，结合各专业技能大赛的要求，共同制订人才培养方案，一起研讨和制定各专业课程标准和教学内容，以保证人才培养的质量。

其次，应该强化职业能力，构建课赛融合模块化体系。基于各专业职业技能大赛的赛项设置，每个项目都涉及一定的专业知识和技能体系。因此，学校应该建立与实际岗位需求相匹配的课赛融合课程体系。该体系应以工作任务为导向，将各专业职业岗位能力和职业技能竞赛项目纳入专业核心课程，重点突出对学生职业基础能力、职业岗位能力、职业综合能力和职业拓展能力的培养，既能体现专业知识，又能展示岗位技能和职业素质的课赛融合。这种模块化的专业课程可以实现学做互促、技能递升的目标。例如，可以参考全国高职院校职业技能大赛的赛项设置，将其中的项目纳入专业核心课程，通过实践教学和模拟实训，学生可以在课堂上接触

---

① 刘景军，史宝玉，杨长龙. 基于OBE理念工科专业赛课结合教学模式探建 [J]. 高分子通报，2021 (12)：93-99.

到真实工作场景和具体岗位要求，有机会练习和展示所学知识和技能。同时，加强对学生综合能力的培养，包括团队合作、沟通能力、解决问题能力等。这样的课赛融合体系能够有效提升学生的实践动手能力和职业素质，使他们更好地适应实际岗位需求。

最后，应当建设并完善实践教学基地，拓展竞赛平台。为了满足职业技能大赛对高职院校相应专业教学环境的要求，学校应该不断完善和充实实践教学环境。校内实训室应及时购置和更新相关硬件设备，如测量仪、电脑、计算器等，并配备最新的教学软件。同时，需要安排专门的人员对实训室进行管理，以确保其正常运行，提高利用效率。受企业商业信息保密性等因素的影响，许多学生在顶岗实习时无法接触到核心的业务工作，导致实习效果不佳。因此，学校可以尝试与国内知名企业、行业标杆企业、竞赛活动承办企业等进行合作，共同建设实训基地，实现与职场环境的无缝对接。此外，可以聘请这些企业里具有丰富经验的人员来校担任实训课的指导老师。另外，还可以与企业合作，定期举办各类技能竞赛，并将职业技能大赛纳入常态教学工作。通过共同商讨和制定相关的竞赛规章、实施细则等，让企业参与专业建设，在拓展竞赛平台的同时，深度开展校企合作，既增强了学生的实践操作技能，又为培养高技能应用型人才提供了更好的服务。

2.2.2 设计课赛融合的课程改革路径

课赛融合课程改革的理论基础，来自"专业胜任力模型"，该模型由哈佛大学麦克利兰教授提出，又被称为"冰山模型"。该模型将人员个体素质的不同表现划分为表面的"冰山以上部分"和深藏的"冰山以下部分"。"冰山以上部分"包括了技能、知识、行为范式（习惯）等外在表现，属于显性素质。这些素质通常是可见的，而且大部分可以规范和考量。"冰山以下部分"包括了角色定位、价值观、自我认知、特质和动机等内在因素，属于隐性素质。隐性素质不容易被观察到，但它们是行为和表现的主体，并且对于个人绩效和成功至关重要。显性素质往往是由隐性素质决定的，它们对人员的行为和表现起着关键性作用。为了全面培养学生的素质和能力，除了注重技能和知识等显性素质的传授，还需要注重培养学生的角色定位、价值观、自我认知、特质和动机等隐性因素，让学生全面发展，具备应对职场挑战的能力。

"课赛"融通路径设计将以工匠精神培育为目标，以显性素质和隐性素质交织融合、协同发展为轴心，建立起"课赛标准融通→课赛内容融通→课赛技能训练策略融通→课赛训练体系融通"一体化路径。通过这一路径的设计和实施，可以提高实训教学中显性职业素质和隐性职业素质培养之间的整合度，进而提升工匠精神在常态化教学中的培育效果。

在这一路径中，首先需要进行"课赛标准融通"，即将课程教学与技能竞赛的评价标准进行对接和融通，确保教学目标和评价标准的一致性。接着，通过"课赛内容融通"，将课程内容和竞赛要求进行有机结合，使学生在学习课程的同时，也能锻炼和展现相关的竞赛技能。然后，通过"课赛技能训练策略融通"，将课程教学和竞赛技能训练的方法和策略进行结合，使学生能够获得更加系统和实践性的培训。最后，通过"课赛训练体系融通"，将课程教学和竞赛训练的整体体系进行融合，形成一套有机衔接的培训路径，确保学生能够在课程学习和竞赛训练中实现知识和能力的全面提升。通过这种综合性的融通路径设计，可以有效提高工匠精神在教学中的培养效果，促使学生在实训教学中发展显性素质和隐性素质，为培养高技能应用型人才提供更有效的途径和机制。

"课赛"融通路径的设计着眼于整个素质培养，将专业和职业岗位特点结合起来，提取出详细而明确的显性素质和隐性素质的培养指标。这样可以使工匠精神从抽象到具体，从难以操作变得可行动起来，方便教师在实训课堂中实施和落实。环绕路径轴心的四个实施环节需要紧密围绕课程要素展开，通过对"课赛"标准、"课赛"内容、"课赛"技能训练策略和"课赛"训练体系的全方位融通，形成一体化的工匠型人才培养路径。这样的路径设计能够保证培养的工匠型人才在职业发展中有多维度的能力和素质的支撑，具备应对复杂职业需求的能力。通过"课赛"融通路径的实施，能够促使学生综合发展，并且能够在实践中不断提高和展现自己的能力和素质。这样的培养路径能够满足现代职业教育的需求，培养出适应社会发展的高素质人才。

课赛融通路径的课程改革实践中，应当注意以下几点。

（1）对接竞赛标准，提取并细化培养指标。蕴含工匠精神的职业教育培养指标包括知识与素养目标和技能目标。其中，知识与素养目标从简单到复合不断变化，即学生在学习过程中的知识和素养要求会逐渐提高和复杂化。而技能目标则从中等到专精升级，要求学生在相关领域的技能水平不断提高，达到专业化、精通化的程度。在制定技能大赛标准时，需要考虑通用标准和专业标准，这些标准是由权威专家参考业内最佳实践标准共同制定的。这些标准能够清晰地描述出相关领域技能人才的培养规范，是一种权威的指导。通过与职业院校技能大赛相关赛项标准进行对接，融入技能大赛的人才观和质量观，可以进一步细化工匠精神的外显和内隐的职业素质，从中提取人才培养指标，为课程标准和教学评价标准提供指导和依据。通过这样的制定和对接标准的方式，能够确保职业教育的教学目标和评价标准与实际需求紧密结合，促使学生培养出与工匠精神相符合的职业素质和能力。同时，这样的标准也为教师提供了明确的教学目标和评价依据，有助于提高教学的针对性和有效性。

（2）对接竞赛内容，整合重构教学项目。通过剖析技能大赛的比赛内容，将竞赛项目分解为若干个子项目，并将其转化为相关课程的教学项目，推进以典型工作任务为载体的课程改革，使技能大赛的内容能够融入常规课程教学的课堂。为了实现这一目标，学校应当认真分析竞赛标准和课程标准，将核心课程进行教学内容的整合与重构。首先，学校应当找出在课程中缺失的知识点和技能点，并纳入课程标准。同时，考虑到学生的实际水平，学校还会适当降低要求。其次，教学内容以模块化、任务驱动的形式呈现，若干个模块可以组合成一个实践项目。此外，还应当增设市赛、国赛样题演练项目，帮助学生进一步提升综合能力。在以上课程内容框架的基础上，学校还应当进行校本教材的研发，引入"动态教材"的概念，即借助每年技能大赛赛项的调整和更新，跟随岗位需求，定期引入最新的技术和内容，保持教材的及时性和实用性。通过这样的方法，职业院校能够将技能大赛的内容有机地与课程教学相结合，使学生能够真正掌握与职业岗位相关的实践技能和知识，提高他们的职业竞争力和适应能力。同时，这样的教学方式也能够激发学生的学习热情和主动性，提高课程的实效性和吸引力。

（3）对接竞赛训练方法，创新教学策略。第一，熟练度自动化。学生需要通过反复练习，强化训练，固化操作技巧，提高熟练度和自动化水平。通过重复和变通，学生可以加深对操作的理解并进行相应的优化。在熟练度不断提高的过程中，还要培养学生踏实专注、吃苦耐劳、知难而进、持之以恒的精神，塑造学生顽强拼搏的精神。第二，精细度标准化。学生需要掌握符合技术标准的操作技能和技巧，因为技能的本质是符合标准的操作。职业教育的课堂应尽可能直接、准确地反映企业实际工作的技术标准和操作规范，强化质量标准意识，培养学生规范严谨、一丝不苟、精益求精的职业态度。第三，内化度心智化。各专业的人才技能结构应以心智技能为主，以操作技能为辅。心智技能以思维为核心，经由技能的内化过程获得。从外显的"技能"到内隐的"心智"，学生在"心手合一"中才能涵养工匠气质。技能训练中要思练结合、善做总结和反思，加强群体思维的碰撞。第四，创新度个性化。人才的创新建立在扎实深厚的基础知识和技能之上，个性建立在共性之上。创新与个性的统一是应用性、艺术性和创意性的完美结合。因材施教、个性化学习方案对于培养创新人才尤为重要。此外，教师还要引导学生全面提升人文素养，丰富各领域知识，在传承中寻求突破。

（4）延伸课堂教学，搭建课赛实训体系。竞赛对学生技能和精神品质的提升具有重要作用。竞赛的激励性和挑战性可以促使学生努力提升自身的技能水平，并培养他们的工匠精神。课堂实践教学是基础，而技能大赛则是更高层次的实践教学。通过参加技能大赛，学生可以在更广阔的平台上展示自己的技能，并与其他优秀学生进行交流和比拼。这样的竞争环境能够激起学生的斗志和创造力，督促他们不断提升自己的技术水平。为了有效推动学生参与技能大赛，职业院校应该搭建多层次的技能大赛平台，并将其纳入学校的实训体系。这样可以丰富学校的实训体系框架，同时也将技能大赛纳入常态化机制，为学生践行工匠精神提供良好的培养环境。

总之，技能大赛是一种激发学生潜力、提升技能和塑造精神品质的有效途径，职业院校应该积极推动学生参与技能大赛，为他们提供更多的实践机会和成长空间。

2.3 课证融通：课程与证书的有机结合

课证融通中的"课证"是指课程和证书，是融通的两个对象。课程通常指职业院校中的专业课程，包括专业基础课、专业核心课和专业拓展课。证书对象在不同目的下有所不同，在双证书制度下，目的是获取职业资格证书，证书对象即为职业资格证书；在"1+X"制度下，目的是获取职业技能，证书对象即为职业技能等级证书。课证融通中的"融通"意味着融会贯通，融会即将不同的事物整合在一起，领会其本质；贯即由此到彼，通即没有障碍，贯通常指贯穿前后，全面透彻地理解。课证融通中的融会是呈现的结果，贯通是内在的要求。国家从政策层面提出 X 标准需要有机融入专业课程教学，"有机融入"明确了内在要求。在《辞海》中，"有机"被解释为"事物构成的各部分互相关联，具有不可分的统一性"，因此"融合物"不仅要达到课程和证书表象上的合二为一，不是简单地拼接知识和技能，也不是强行嵌入，而是以其辩证发展的内在特征为线索，贯穿整体，达到有机统一。课证融通人才培养模式是把职业考证项目贯穿专业人才培养方案，使专业人才培养目标与职业岗位要求相统一，使教学内容与职业考证内容、职业岗位要求相融合，使学生毕业时得到"双证"甚至"多证"，实现充分就业和优质就业目标的一种高素质应用型人才培养模式①。综上所述，课证融通指以学习认知规律为线索，将课程和证书中不同的知识和技能进行对接和统一，使学生全面、系统地理解知识并掌握技能。

2.3.1 构建课证融通的人才培养模式

"课证融通"人才培养模式是将职业考证项目贯穿专业人才培养方案，以实现专业人才培养目标与职业岗位要求的统一。通过将教学内容与职业考证内容和职业岗位要求融合，使学生在毕业时获得"双证"甚至"多证"，实现充分就业和优质就业目标。随着人才市场需求形势的变化，职业院校需要调整人才培养模式，修正人才培养的目标定位，改革、充实和完善现有的课程培养体系，使日常教学内容紧密贴近职业资格认证标准，并与劳动就业岗位结合，充分实现"课证融通"。

目前课证融通人才培养模式存在如下问题：

（1）存在课证分离现象。

当前高职院校开设的基础课、专业课，不能完全覆盖适合学生考取的职业资格证书项目的课程科目，或者与职业资格证书考核内容不能完全匹配，而且课程实施大部分还是以纯理论教学为主，这与职业资格考试以技能性、实践性考核为主的要求相背离。

---

① 李晓杰."课证融合"模式在福建省高校社会体育专业中适度推行的探讨 [D]．厦门：厦门大学，2014．

（2）对课证融通的认识有待提高。

职业教育所培养的目标是应用型的技能人才。然而，在高职人才培养方案中，现有的高职教育课程体系和考核形式还未完全脱离本科教育的模式，人才培养标准还不能完全达到培养技能型人才的目标。主要原因如下：第一，高职院校人才培养目标定位模糊，往往沿袭传统的人才培养方式，理论教学过多而学生实践技能锻炼机会相对较少，且实训教学多流于形式，无法达到应有的效果。第二，很多一线财经类高职教师本身不是双师型教师，缺乏实践技能，有些甚至对职业资格证书等级、标准和岗位能力要求等知之甚少。第三，学校在组织宣传教育方面的投入力度不够，导致学生不了解证书的重要性。加上学生自身对将来的职业规划能力较弱，往往不愿意投入较多的课外时间、精力和相关费用去考取证书，或者即使报名参加考证，能够投入的精力也有限，导致通过率较低。

（3）课证融通的教学方法和教学模式与信息化结合的力度不够。

在教育信息化环境下，改革教学方法和教学模式已成为迫在眉睫的任务。各高职院校在不同的专业教学中都进行了一些"课证融合"的教学探索，并取得了一定的成绩。例如，鼓励优秀教师在适用的课程中充分利用网络在线教学的优势，通过互联网技术的支持，大力开展网络教学和传统课堂教学的线上线下混合式教学，推动学校混合式"课证融合"教学课程的建设步伐。然而，如何围绕高职院校的人才培养目标，坚持"教师为主导、学生为主体"的教学理念，以混合式教学课程建设为载体，充分利用网络信息技术的优势，通过在线课程平台、移动工具、基于慕课的"翻转课堂"甚至微课教学，实现"课证融合"的优质教育资源共享，提高资源使用效率，探索更有效的线上线下相结合的教学新模式，目前做得还远远不够。

（4）忽略技能水平的评价。

经调查研究发现，大多数高职学生认为在毕业时取得相应的国家职业资格证书对于就业有利，但是对于如何去考证以及应该考取哪些证书等具体问题，缺乏相应的认识。高职院校对人才的评价仍然注重理论知识水平而忽略技能水平的评价。具体来说，学生在如何准备考试、购买复习资料，以及如何运用复习方法等方面都缺乏相应的指导。

改进课证融通人才模式的建议有以下几点：

（1）成立以学校为主体，以企业为协同的指导委员会。

由政府相关主管部门牵头成立专门指导委员会，可由学校、行业和政府的职业资格认定部门组成，各方面专家根据专业方向，分析现有或者未来企业工作岗位所需人才层次，对具体工作岗位进行任务拆解，分析产品的生产过程，总结出对应工作岗位应具备的核心职业能力和职业标准，并进行反复论证，开发编写相应的课证一体化教材，使其能体现职业能力培养要求，推荐各试点院校使用。从满足当地省市对高技能型人才需求的角度出发，学校可以整合优质核心课程及教学资源，并开展实践、实证特色研究。学校从企业相应岗位工作过程分析入手，邀请业内知名企业专家座谈，集思广益，充分解决一线教师面临的问题和困难，积极主动地对企业的岗位进行整体化职业分析，确定典型工作任务，落实"职业活动导向"的人才培养模式。学校还可以采用多元化的课程考核形式，把课程考核与岗位职业技能鉴定结合起来，探索以考证代替考试的新型考核方式，并和当地的职业技能鉴定中心积极合作，共同研究、组织编写国家职业资格考试的相关参考书籍，如配套教材、复习资料汇编等，充分使课证一体化教材落到实处。

指导委员会可以指导编写相关专业结业考核程序软件。建议将在校学生的相关学科结业成绩按一定比例计入资格考试的合格成绩，这将减轻学生的考证过级的压力，提高过级率，调动学生考取职业资格证的积极性和学习热情。另外，也可以考虑以考取相应专业资格证替代该科目在校的结业成绩。为此，可以指导委员会责成学校或第三方软件技术公司研究一套学生结业成绩的计算机模拟考试软件，合理汇编题库，与职业资格考试模式、方法相似。学生在该模块上参加相关科目的结业考试，考核成绩自动保存，并按比例计入职业资格考试成绩。这种方式既可以作为学业技能水平的证明，同时也为"课证融合"提供了一个切入点。

（2）学校与企业建立课证融通协同运行机制。

地方行业经济发展对人才的需求给学校指明了人才培养的方向。行业协会掌握着职业领域的先进技术水准，引领行业协会参与制定修改职业标准，这将决定职业标准改革的方向和质量。同时，企业也应积极参与"课证融合"的人才教育培养计划的制定和改革，将行业企业的真实生产现场引入教学。企业洞悉该行业运行的职业规则，熟练掌握其职业特点，联合职业技能鉴定中心和相关技术研发部门，为课证融合供给平台和建设资源，最终推进专业的发展。

各大高职院校目前正在大力推进产教融合、校企合作及产学研协同创新，各项措施实际上是"课证融合"人才培养方式的实践创新。这些人才培养措施将人才培养目标定位为区域经济和金融业发展培养具有工匠精神与社会责任感、实践动手能力强、创新创业能力强的技术技能型高级专业人才。这就要求学校的课程必须与时俱进，紧跟社会职业发展需求，根据职业标准及时更新"课证融合"的课程内容。

（3）构建完善课证融通课程体系。

首先，根据市场需求和区域市场特点，在课程体系设置时以学校为主导。从专业职业性和实践性出发，根据相关职业资格证书的考试要求，安排课程体系，重点突出职业能力要求，加大技能实践课程和对学生综合能力的培养。举例来说，对于财贸类专业，首先要研究区域内相关金融、会计、市场营销等行业岗位人员的能力素质需求，细化职业岗位的用人标准。然后根据职业岗位实际需要的人才类型和层次，对现有课程进行开发、重组和调配。例如，在开展职业礼仪课教学的同时，定期举办金融类礼仪形象大赛，以适应银行从业人员的礼仪形象和素质要求。在此过程中，不仅加强了学生内在专业知识的培养，同时也使其外在气质形象更符合岗位要求。同时，对理财专业应具备的基本理论知识进行重点提炼，汇编模拟题，加强训练。还可以专门举办理财能力竞赛，总结理财专业应具备的技能和核算素质。

其次，探索开展混合式教学的课程教学改革。根据需求，可以申请实施基于网络的形成性考核和基于纸介的终结性考核相结合的技能考核方式，并且合理地分布各项成绩评定标准在整体成绩构成中的比例。利用慕课网络教学平台完成课程的创建、编辑、上传课程资料，创建和管理班级，以及分析统计课程的运行情况。同时，利用"学习通"移动端进行课程管理、班级和讨论组的创建与管理、课堂教学应用、个人中心管理以及通信、社交、资源查找分享等新型教学模式。这种教学改革符合信息时代高效的特点，充分展现了"课证融合"的魅力。学生可以清晰地看到所学专业的理论框架，在宏观把握基础上，配合"学习通"移动端中具体科目的教学、考试题型演示以及标准答案的配备，让学生在不知不觉中完成相关证书的考试模拟答题。同时，可以反复练习，记录难点、重点和易错点，激发学生的兴趣，轻松学习，贴近实际，随时进行课业实践模拟练习，不断提升"课证融合"人才培养的质量。

（4）学校整合实践教学体系。

一方面，学校可通过将岗位能力和职业资格证书相结合，实施实训课程和大赛，将"课证融合"落到实处。以会计专业为例，强调提高学生的实践操作能力，让学生规划职业方向，设定目标并鼓励学生参加各种业务技能大赛。在大赛前的准备、比赛中的经验和赛后的总结中，学生和教师都能够更为深入地认识到理论和实践之间的关系，从而更好地提升技能。

另一方面，学校可通过整合实践教学体系，改革实践教学方法来强化实践教学条件。学校建设校内实训基地，并尽可能模拟企业的工作环境和场景，推进实训课程，让学生通过角色扮演和情境体验的方式加深对实务流程细节的理解。职业技能鉴定站为学生考证提供支持，在线上、线下为学生提供咨询服务，丰富学生的视野，促进"课证融合"的实现。

总之，学校通过以上两方面的措施，旨在提升学生的职业能力，实现课程与职业标准接轨，从而更好地满足当前和未来职场的需求。

（5）提高教师技能教学能力。

为了推动"课证融合"教学目标的实现，学校应该支持专业教师到企业进行代职和训练，明确教学中要解决"课证融合"的基本问题，共同分析并总结先进实践经验，论证"课证融合"中学校层面和教师层面的不足，讨论、交流、传递新信息，使"课证融合"能够真正落到实处。为此，各职业院校都在加大力度支持教师深入社会各个相关职业领域进行带职学习，包括出台政策支持、加大财力和塑造典型等措施。提倡教师直接参加实际工作岗位的锻炼，并对实际中产生的相关费用予以报销，有利于促进教师教学能力、实践能力和"课证融合"能力的提高。长春金融高等专科学校以多种形式提高师资队伍整体素质，如积极推动现有师资培训、挂职和兼职锻炼，通过青年教师讲课大赛等多种形式全面提高师资队伍素质。

此外，学校还可以鼓励教师参与新兴成果，促进科研成果转化为生产力，将学校打造成为各级政府部门的第三方高水平的智库，加大学校的品牌化建设，也在"课证融合"人才培养模式中树立典范。通过让教师走出去，对指导学生的职业发展规划具有深远的实践意义，有利于进一步促进"课证融合"。

（6）建立校企供需信息监测机制。

为了生产适销对路的产品，必须正确评估市场的需求。学生最终将走入人才市场这个供应链，因此必须了解用人单位需要什么样的人才，甚至要能提供超前的产品即具有创造性思维，既能满足现在市场需求又能满足将来可持续发展需求的人才。这就需要建立起与用人单位之间对等的供需信息机制，对学生的实习、就业进行信息化平台管理。

为此，学校应该对学生就业的相关企业或部门的职业资格、考核评价标准进行透彻了解，还要对学生就业进行相应的岗位追踪，对所需人才涉及专业的职业资格标准，尤其对学生在就业中对基础知识的融会贯通和实践操作技能水平之间的差距进行反馈，并建立良好的反馈机制。学校应设立专门机构，统计反馈意见并做出相应分类，认真分析问题根源，分析教师的任课能力，进行客观评价，列入年终考核指标，激励教师不断钻研、提高授课能力。同时，学校应该进一步调整教学计划，补充和完善教学内容，为促进"课证融合"教学改革和人才培养质量提升提供有力保障。

2.3.2 设计课证融通的课程改革体系

1993 年，我国开始实行学历文凭和职业资格两种证书制度。这项政策在促进教育教学改革、培养学生职业技能、提高就业能力等方面做出了重要贡献。然而，随着我国社会经济的高速发展，高职教育已经从追求规模扩张转向强化内涵提升。在这种情况下，"双证书"制度也出现了一些难题，比如职业资格证书覆盖面不够、不能及时反映科技发展趋势和市场需求变化、不能满足技术技能人才培养需要等问题。因此，2019 年 1 月，国务院出台《国家职业教育改革实施方案》，提出从 2019 年开始，全面启动"学历证书+若干职业技能等级证书制度"（简称"1+X"证书制度）。2019 年 3 月，国务院《政府工作报告》指出要"加快学历证书与职业技能等级证书互通衔接"。随后，教育部等四部门联合印发了《关于在院校实施"学历证书+若干职业技能等级证书"制度试点方案》，从此正式启动了意义深远的"1+X"证书制度。"1+X"证书制度是基于各行业能力标准，调整学校相应专业能力结构，从而使得各专业人才培养规格紧扣行业发展实际。各专业教学标准与相应的职业技能等级标准、高职人才培养方案与"X"证书培训考核内容的有机衔接与融通，是"1+X"证书制度试点的目标之一。其中，课证融通是重中之重，决定了"1+X"证书制度的实施效果。所谓课证融通，即梳理 X 证书所匹配的高职专业课程，形成 X 证书考核内容匹配专业核心课程内容，或者匹配专业核心课程的课程模块，构建高职"1+X"证书制度模块化课程体系。

在推进各专业"1+X"证书制度的过程中，应树立"一盘棋"的战略思想，实现专业课程与"1+X"证书培训内容的融通。同时，考虑学校所在区域的经济社会发展状况，要稳步推进这一制度，不能"一刀切"。根据职业教育和行业发展的实际情况，高职院校应梳理职业技能等级标准与专业开设课程的对应关系，重构专业现有课程体系，并加深高职专业课程改革和教学模式改革。

（1）构建"1+X"证书制度各相关方的命运共同体。"1+X"证书制度涉及多个利益相关者，主要包括政府、企业、高职院校、培训评价组织和学生等。这些不同的主体都有各自的利益诉求。政府希望通过推进这一制度来改善专业人才培养与产业需求之间的不匹配情况，缓解高校学生就业难和企业招工难的问题；企业希望高职院校培养的学生能够尽快适应企业一线操作和基层管理工作岗位的需要，使高职院校成为其人力资源输入的稳定通道；高职院校希望培养适应企业需求的高素质技术技能人才，使本校毕业生能够适应行业转型升级和当地经济社会发展的需要；培训评价组织希望通过在教育领域扩展业务，形成良好口碑来获得可观的经济效益；学生希望就读的学校具有较好的社会声誉和教育质量，并能够满足其个性化、多样化、差异化、优质化的学习需求，从而提升自身职业技能水平和核心竞争力。

然而，在高职"1+X"证书制度的推进过程中，任何一个利益相关者的强势或完全利己主义都会导致专业人才培养质量下降。因此，需要构建各利益相关者共同参与的命运共同体，建立"1+X"证书利益协调与对话机制，提高人才培养质量。具体而言，需要形成多个利益相关者共同参与的利益协调与对话机制，搭建各利益相关者充分表达利益诉求的平台；建立科学、合理的监督机制，确保各利益相关者的利益能够得到充分保障；明晰各利益相关者的职责，提供理念和实践等支持，激发他们的内生动力，从而使其自发参与物流管理专业人才的培养和培训。

（2）打通证书标准与教学标准的对接障碍。学校应当在设定教学标准时，参考相应专业的职业技能等级标准，一般分为初级职业技能要求、中级职业技能要求和高级职业技能要求。同时，也可以参考最新的专业教学标准，或者参考双高院校中类似的双高专业的教学标准。职业技能等级标准与专业教学标准具有共通性，具有部分相同的学习内容，要求学习者和毕业生达到某些相同的职业能力。职业教育不仅具备服务地方区域经济发展的地域属性，还具有培养高素质技术技能人才的职业属性。因此，高职院校在制定本校各专业人才培养标准时，应当打通各专业"X"证书标准与高职各专业教学标准对接的障碍。具体而言，可以采取以下措施：将各专业"X"证书培训内容转化成课程或课程模块，嵌入校内专业教学标准；将各专业"X"证书体现的工作岗位（群）标准有机融入校内专业教学标准；增加体现各专业新技术、新工艺、新规范、新要求的新课程模块，并做好因未来行业技术更新而开发新模块的准备；对于校内实训教学不足的部分可通过职业技能培训模块加以补充、强化和拓展。这样，就可以形成具有鲜明专业特色的人才培养标准。

在"双高计划"时代背景下，要充分研究各专业特别是双高专业的职业技能等级标准和各专业教学标准等，既放眼于整个行业，又立足于本地区经济发展，制定具有本地区行业发展特色的专业人才培养标准。只有这样，才能发挥各专业人才培养标准的实际作用，发挥各专业的职业属性，培养具有国际视野的创新型、复合型技术技能人才。

（3）重构专业人才培养课程体系。目前，高职各专业课程体系构建普遍以就业为导向，较多地考虑职业能力与行业具体工作岗位的匹配度，但在增强学生职业迁移能力方面考虑不足。因此，在实施"1+X"证书制度时，应认真梳理和重构各专业课程内容。

为此，可以采取以下步骤：首先，系统梳理职业技能等级标准与高职各专业课程的对应关系，根据"1+X"证书所涵盖的职业功能、工作内容及相应知识和技能点，将知识点、技能点组合成相应能力单元。其次，根据"1+X"证书能力单元，认真梳理"1+X"证书与各专业课程的对应关系。最后，根据"1+X"证书能力单元，梳理证书所对应的高职现有课程的代码、类型、性质、名称、学分等要素，以实现课程内容的合理整合。

重构高职各专业课程体系时，应梳理"1+X"证书能力单元和高职课程开设情况，对高职现有课程体系进行调整或重构，使其具有多元服务功能。应将行业新技术、新工艺、新规范、新要求融入各专业人才培养方案，重构和优化课程设置和教学内容，打造模块化课程。同时，应开发"课证融通型"课程，并通过职业技能培训模块加以补充、强化和拓展。在实施过程中，应兼顾职业教育与职业培训的本质区别，避免因获得"1+X"证书而将专业教学课时和学时缩短，将应传授的知识和技能压缩，从而使职业教育变成职业培训。

（4）打造高水平专业教师队伍。实施"1+X"证书制度的关键之一是要打造一支师德高尚、技艺精湛、育人水平高超的高职专业教师队伍。为此，可以采取以下措施：

第一，制定"1+X"证书教师选拔、培养与管理制度。根据"四有教师"标准，落实责任心强、愿意付出、对"1+X"证书制度有浓厚兴趣的教师；关注教师职业发展，加大教师培养培训力度；出台激励措施，将教师专业技能提升和职业发展考核纳入职称评审等制度，为教师提供专业发展的环境。

第二，加强与"1+X"证书培训评价组织的合作，提升专业教师的教学与培训能力。与培训评价组织保持紧密联系，进一步完善培训内容和考核评价指标与手段。选派骨干教师参加培训，培养"1+X"证书种子教师和高水平培训师，并对获得"1+X"证书培训师资格的教师进行分级管理。

第三，坚持产教深度融合，建设结构合理、专兼结合的1+X教师队伍。高职院校应发挥专业示范引领的作用，吸引知名企业参与专业人才培养；柔性引进行业产业教授，成立"技能大师工作室"和"教授工作室"，由行业知名专家、产业教授等领衔，培养具有行业权威和国际影响力的专业带头人；打造师德高尚、技艺精湛、育人水平高超的高层次人才队伍。

第四，支持教师的国际化发展，提升1+X教师队伍的国际化水平。高职院校要积极支持专业教师的国际交流与合作，提升教师的技术研发和创新能力。同时，通过开展国际合作办学项目、申请国际知名学术资助等途径，为教师提供广阔的国际平台和资源。

通过以上措施，可以逐步推进"1+X"证书制度，培养出更优秀的专业教师队伍，提高教师的教学质量和教育水平，为高职院校的发展和提升学生的就业能力提供坚实的支持。

课证融通的实施是一个复杂的系统工程，关系到方方面面的利益。要想课证融通能够持续有效地出成果，离不开各利益相关者的共同努力。

2.4　课岗证互通：课程、岗位与证书的有机结合

课指专业课程，岗指企业岗位，证指与专业相关的各种职业资格证书。课岗证融合指对学生将来从事的主要岗位进行典型工作任务分析，明确完成这些工作任务所必需的职业能力及所需要的职业资格证书。该融合过程包括分析教学目标，整合教学课程，构建课程、岗位、职业资格证书对应的课程体系。此外，将人才培养模式、课程教学方法、课程教材、师资团队构建等建立在课岗证融合基础上，可以实现专业人才培养和职业岗位需求对接，专业建设与相关产业发展对接。

2.4.1　打造课岗证互通的教学模式

高职院校要为企业培养高素质高技能的人才，以满足企业的发展需求。课岗证融合教学，就是以校企合作为出发点，以工学结合为切入点，聚焦时代发展需要，以职业教育、用人岗位、职业认证为抓手，促进高职院校教学改革和应用人才的充分就业①。这促使高职院校在人才培养过程中，必须根据技术技能人才培养的需求展开相应的教学研究；通过对行业企业人才需求的调研，结合行业企业的需求，制定技能人才的培养方案；根据行业企业的技术标准设置课程，并选择与学生就业岗位需要相关的教学内容，以使学校培养的技术技能人才能够满足行业企业的需求；确保学生所学习的专业知识与技能能够适应工作岗位的要求，提高人才培养的针对性和实效性；根据企业岗位的技能要求，制定高校相应专业教学课程体系，实现课岗融合。高职院校各专业课程体系的教学内容应与企业岗位设置融合，使教学过程与岗位规范相一致。高职院校各专业教学课程体系还需包含主要职业证书考试内容，实现课证融合。

首先，高职院校需要根据企业岗位技能要求，制定相应专业教学课程体系，实现课岗融合。要实现高职院校专业课程的课岗融合教学设计，需要将整个专业课程体系的教学内容分模块，并与企业具体的工作岗位对应。通过将专业课程体系教学内容与企业岗位设置进行融合，将具体岗位

---

　　① 秦光银. 校企协同育人模式下高职院校"课岗证"融合教学创新研究 [J]. 教育理论与实践, 2021, 41 (36): 21-24.

需求和岗位职业技能要求融入整个专业课程体系，使教学过程与岗位规范融为一体。

其次，高职院校专业教学课程体系要纳入主要职业技能证书考试的内容，实现课证融合。高职院校各专业的目标是培养具有较强管理意识和实务操作技能的人才。学生应具备岗位工作的基本知识、基本技能和操作能力。因此，高职院校专业课程体系应遵循"理论够用"的原则。然而，高职院校各专业课程技能性很强的学科，比如会计、物流、汽修等，各专业的行政主管部门要求从事相应工作需要持有一定的职业资格证书，比如从事会计工作需要有注册会计师证，从事审计工作需要有审计师资格证、从事护理工作需要有护士证等。为此，高职院校各专业课程体系中应纳入各专业主要职业证书考试的内容，以帮助学生获得专业资格证书。

最后，应当采取保障措施，保障课岗证融合教学能卓有成效地实施。主要注重以下几个方面。

一是注重人才培养方案。要提高高职院校人才培养质量，必须注重对各专业人才培养方案的研究。一方面，要对行业企业组织进行人才需求调研，了解高职院校在人才培养过程中需要改进的教学问题；另一方面，深入研究高职院校公共基础课程和专业技能课程的设置，为学生的就业和职业生涯规划奠定基础。针对行业企业专业人才培养的需求，还需要深入研究专业核心和专业方向课程的设置。此外，还应结合教育部制定的专业教学标准和行业企业岗位能力要求，制定专业人才培养方案，构建教学标准体系，以确保人才培养质量达到规定要求。

二是注重教学方法改革。按照技能型人才培养的目标要求，应积极开展教学方法改革的研究，强化服务地方和就业导向。高职院校应坚持以学生为本、能力本位、学做合一的现代教育理念，将教育部提出的"学中做、做中学、做中教"等要求落实在实际教学中。高职院校应积极探索教学方法改革，使学生在教学过程中处于中心地位，成为学习的主角，变"要我学"为"我要学"，从被动学习变为主动学习，提高学生的学习积极性和主动性。在实施项目管理及学做一体化等教学过程中，要注重调动学生的学习积极性，真正让学生主动参与到学习中来，提高学生的学习能力和职业素养，加强学生的职业精神、职业技能和就业创业能力培养，提升学习的实效性。

三是注重课程教材选用。教材的选用是提高教学质量的重要环节之一，在遵循教育部规定的教材使用原则的前提下，应根据高职院校人才培养的特点开展教材选用研究。一方面，要研究文化课教材的选用，切实提高文化课教学的实效性。既要提高高职院校学生的基本文化素质，又要为高职院校毕业生未来转岗、转型、晋升等职业生涯规划做考量。同时，还要认识到高职院校各专业对文化课学习多样性的需求，以及不同岗位对从业者文化知识的种类、内容和水平需要。另一方面，要研究专业课教材的选用，要根据专业人才培养目标，掌握教学内容，与就业岗位的实际需求保持一致。高职院校应注重把握专业教学标准和职业岗位标准与课程内容之间的联系，按照针对性、基础性和实用性的原则对教材内容进行调整。专业知识的讲授要适度，以应用为主。为提高学生的专业技能水平，还应研究因材施教的专业技能教学内容的构建，使实训项目任务明确，实训结构梯度合理，实训方法适用，培养学生的专业技能，为学生在其专业岗位得心应手地就业夯实基础。

四是注重提高教师队伍素质。高职院校教育教学质量的关键在于整体提升师资队伍素质。高职院校应大力加强双师型师资队伍建设，通过教学名师、专业技术带头人、优秀教学团队等形式，激励专业教师努力提升自身双师素质。同时，高职院校应主动从行业企业聘请能工巧匠和一线管理专家担任兼职教师，使其充实到学校专业教师队伍中。让学校的教师走到企业中向行业企业的一线技术骨干学习、进行沟通与交流，做到走出学校、请进企业，双管齐下。这样，才能使学校的教育教学与行业企业与时俱进、保持一致。

五是注重实践教学。高职院校应增加实践课时，提高学生动手能力。传统的高职专业教学过程中，教师侧重于理论知识的讲授，学生主要学习理论知识，而对岗位基本操作不熟练，动手实践能力差，毕业后不能立即上岗。因此，在基于课岗证融合的高校专业教学研究中，需要合理调配理论课时与实践课时的比例，注重增加实践教学课时，增强学生的岗位技能培养，帮助学生毕业后顺利上岗，胜任工作，实现零距离就业。同时，高职院校应完善校内实践条件。由于岗位的特殊性，企业无法大规模接收专业的学生进行实习。因此，高职院校应充分利用各方面资源，建立校内实训基地，为学生创造良好的实训条件。高职院校应充分利用校内手工综合模拟实训室和 ERP 沙盘实训室中的相关教具、资料，模拟实际生产经营过程的业务资料。按照工作的流程和要求，让学生进行实际动手操作。学生在具体操作过程中体会、归纳具体工作的特点，并与课堂上的理论讲授进行比较，进一步掌握手工实训技能，以适应社会对不同人才的需求。

2.4.2　构建课岗证互通的课程体系

与基础理论研究类院校不同，高职院校作为职业教育活动的主体之一，更加侧重培养具有较高技能水平和实践创新能力的应用型人才。基于这一点，其课程体系设置不能过多强调知识经验的迁移，应侧重技能素养的培育，应强调实践动手能力的提升。反映在课岗证融合教学中，首先表现在专业结构设计更加偏向市场化，能够及时根据市场的最新形势进行动态整合。其次表现在课程教学的职业属性，需要将岗位用人、资格认证等需求内容系统全面地反映到教学环节上。最后表现在专业课程的实践性评价导向，评价指标中工作能力素养的占比相对更高。综合来看，课岗证融合教学模式的优化应从课程的体系化设置着手，分三个步骤加以推进。

（1）推动需求导向的专业结构设计。专业化的系统教育是高职院校在职业教育中的优势所在，也是优化现阶段职业教育人才培养供求关系的关键抓手。要针对部分高职院校存在的专业结构求大、求全、求洋的问题，调整现有专业结构设计，改变传统以供给为主的结构模式，从两个方面进行优化。一方面，要立足区域。高职院校要加大对区域经济社会发展的形势分析和趋势预判，主动参与市场活动，摸清市场主体对人才的需求缺口，找准区域优势和院校特色，从急需专业优先设置、特色专业强化设计、老旧专业引导退出的角度进行课岗对接。另一方面，要立足长远。高职院校的专业应当走在时代发展的前沿，特别是要在本行业本领域保持人力资源的充分储备和有效供给。这就需要在专业结构上实行梯队设计，可以探索形成某个行业的专业库，创新一批、实施一批、储备一批、淘汰一批，面向技术变革、行业变化的最新趋势和特征，进行专业的优化调整。在完成国家设定的专业设置的同时，探索进行校本化特色专业设置，围绕区域特点进行课岗证融合模式下的跨区域、跨领域专业设计。

（2）推动项目主题的教学模块设计。课岗证融合教学策略的内部元素可以细分为教学课程与用人岗位的融合、岗位需求与职业资格认证的融合、资格认证与教学课程的融合。从实践来看，最可行的方法是以高职院校教学为核心，连接两端，形成"哑铃式"的融合模式。这里有两个关键要把握：一是项目主题。为了促进教学与市场用人岗位的深度对接，确保学生所学即所用、所考，必须紧密结合专业实践，推行项目化教学。即将职业教育实践所遇到的不同问题、不同领域、不同技能进行分类汇总，形成主题，以此为核心进行相关资源的搜集整理，并将专业课程、岗位实践、职业认证中涉及的元素进行归拢，形成多方融合的项目教学主题。二是教学模块。课岗证融合教学的主导者一般是院校，职业人才作为受教育主体不仅要接受技能培训，也要接受知识传授。基于此，应当以教学内容和形式进行区分，融合教学需要，区分公共教学、专业教学、实践教学、素养培育等不同模块，针对不同融合主题进行有选择地排列组合。

（3）打造三位一体的实践评价体系。课岗证融合教学策略的效果如何，最终体现在人才培养的质量上。人才质量包括理论知识、技能水准、职业精神等多个层面。实施人才培养质量评价需要坚持两个角度：一是实践的视角。要坚持以岗位实践来检验教学活动和资格认证。这里不是要对职业资格认证进行调整和优化，而是要从高职院校的角度在教学内容和职业资格认证指标的选择上进行主动取舍，以确保"课岗证"融合教学的出发点和落脚点在人才培养。二是三位一体的评价主体的视角。对于教学活动的评价往往集中在教育管理者、教育工作者及师生家长等相关方，但高职院校的"课岗证"融合教学的评价主体更加多元化。要以学校、企业、职业认证部门为主体，在此基础上进行外延和细分，充分吸收各类利益相关方开展教育质量、教学效果评价。同时，积极引进第三方评价，从行业发展的角度、社会反响的角度进行评估，在促进人才培养质量提升的同时改进"课岗证"融合教学策略。

2.5 岗课赛证融通：岗位、课程、竞赛、证书的有机结合

岗课赛证融通是对我国职业教育"四位一体"的新概括。岗课赛证四位一体的课程改革模式，是将工作岗位、课堂建设、技能大赛和资格证书融为一体，实现"课中有岗，课中强赛，课中通证；岗为课标，岗为赛据，岗为证类；赛促教学，赛近岗技，赛助取证；证为课设，证为赛规，证入为岗"的岗课赛证四位一体的课程育人模式[1]"。随着我国进入科技发

---

[1] 向双云，周珍辉."岗课赛证"四位一体"动物微生物"课程教学改革探索与实践 [J]. 微生物学通报，2022，49（4）：1365-1374.

展、产业升级的新时代，职业教育必须采取有效措施，促进高质量的发展，以跟上产业前进的步伐。为提高办学适应性，高职教育内涵建设应以人才培养方案为抓手，以深化产教融合为落脚点，探索全方位、全过程、全要素的岗课赛证相互融通，以适应产业发展变化对人才培养的新要求。

岗课赛证融通是对职业教育在长期教学实践中的"回溯"，也是对产业快速发展的再适应。其中，"岗"是课程学习的标准，课程设置要瞄准岗位需求；"课"是教学改革的核心，通过课程改革推动"课堂革命"；"赛"是课程教学的高端展示；"证"是课程学习的行业检验。通过岗课赛证融通，深化教学标准与岗位标准、教学过程与生产过程的对接。基于人才培养方案打造育人载体，以产业的岗位标准为起点，利用产教融合的"课"作为融通的重点进行打造，使其成为名副其实的"金课"，实行"课证"融通、"课赛证"融通，培养高素质操作技能型、技术技能型、高级技术技能型人才。随着产业不断升级，其岗位技术标准也将不断提高，而岗课赛证融通层次和质量也将不断变化。在长效机制保障下，高职院校的岗课赛证融通质量趋于螺旋上升过程。

2.5.1　提高岗课赛证交叉融合效能

岗课赛证要适应科技发展和市场需求。其中，"岗"中包含的工作岗位职业知识、能力和素养等要"映射"到高职教育的"课"中，体现于课程标准更新、课程内容重构、新技术新材料新工艺的案例、智慧化教室等课堂元素的优化组合。"赛"体现科技发展在企业产品与服务中的最新成果，通过"赛"获得的奖牌能充分体现参赛人的职业理念、职业技能和职业素养。"证"是"岗课赛"融通后续的凭证，体现最新行业技能含金量。"证"由第三方按照行业技能标准考核合格后颁发，并将技能等级证书折算为相应课程学分。然而，在我国职业教育发展进程中，尤其是近十多年来，虽然高职教育岗课赛证已自觉应用于制造、建筑、护理等部分专业，但仍未在高职教育教学中得到全面普及。

岗课赛证融通的标准贯穿产业人才培养体系。在科技蓬勃发展、产业转型升级的经济大潮中，数字经济已成为经济增长点，且人工智能日益成为产业发展的新引擎。为了满足产业发展对高技能人才的要求，高职院校也在逐步探索和调整人才培养体系，而培养体系是通过课程体系来实现其目标。岗课赛证融通涉及人才培养体系组成要素中的教学形态要素组合。

"岗"所要求的职业技术技能是"课赛证"标准的起源。"课"是融通"岗赛证"的核心和载体,"课"的标准综合了"岗赛证"各自的规格要求。高职院校应该以"课证"融通标准、"课赛"融通标准、"课赛证"融通标准等构建起岗课赛证融通标准体系,根据具体教学模式,采用相应的融通标准贯穿人才培养体系各要素。其中,有两种教学模式比较典型。一种是以"课证"融通为教学模式。该模式构建起人才培养体系质量架构,质量架构体现在课程标准中,融入合作企业培训认证标准体系,学生在工学结合中掌握企业所需的技术技能。例如,深圳职业技术学院与华为公司产教融合,成为高职教育"课证"融通范式。深圳职业技术学院相关产业学院将华为认证的技能教学标准体系进行解析,将技能课程内容知识点和技能点进行细分并重构,将企业认证技能教学标准转化为对学生的知识、能力和素质要求。另一种是"课赛证"融通教学模式。该模式以赛促建、以赛促教,"课赛证"融通标准贯穿"产赛教融合"人才培养体系。以大赛为引领,将技能大赛的比赛标准及其比赛内容融入课程标准和课程教学内容,提升技能型人才培养质量。该模式要求按照高职三年人才培养体系方案,在大二和大三阶段对学生进行培训、选拔、再训练和参赛,所以在大一阶段就要为参赛打好赛项知识基础。例如,金华职业技术学院对课程体系进行优化,将国家级技能大赛资源进行碎片化、项目化改造,重新设置基于大赛项目和 X 证书项目化的课程,重新设计教案,并以服务课程教学为导向,编写了"赛教融合"理实一体化校本教材和课程标准,建立了技能赛项标准与 X 技能考证标准兼容的训练平台,并有效利用了教学资源。

岗课赛证融通中间过程规范管理。以"岗"为起点,"证"为终点,"课"与"赛"像桥墩,融通就像架设桥墩之间的桥梁。只有融通中间过程规范管理,融通"桥梁"才会畅通。一方面,高职院校应该以"课证"融通质量保证管理体系,推动学生就业和创业。在结合企业合作方提供的行业用人需求变化的基础上,高职院校应该将专业课程分为公共基础课、专业基础课、专业核心课(考证与认证课)三大课程模块。大一时,学生在校内学习公共基础课、专业基础课,并通过质量保障体系为基础知识的学习打下扎实的基础;大二时,为配合产教融合教学,学习地域移动于校企之间,移动学习专业基础课和考证与认证课,通过质量保障体系保证产教融合质量;大三时,根据行业及合作企业用人需求预判信息、学生的兴趣爱好、专业学习潜力和现有实训条件，将培养方向分门别类，由专业教师引导，学生自愿选择，产业学院分类因材施教，充分发挥个人特长。此外，学生应该根据合作企业岗位变化要求，考取初级、中级、高级技能等级证书，实行进阶式培养、差异化学习。另一方面，高职院校应以"产赛教融合"课堂推动"课赛证"融通。为了更好更快地提高教学质量，充分发挥职业技能大赛"指挥棒"与"链接器"的效用，高职院校可将赛项内容分解成单独的知识点、技能点和素质点，设计成实践课程教学项目。在"1+X"证书制度下，高职院校可按照"校内实训职业化、校外实习教学化、教学管理企业化、学习过程工作化"的原则，建设 X 证书项目化教学和职业技能大赛一体的生产性实训基地，学生在生产实习中除了完成顶岗实习外，还能完成 X 证书考证任务，学习训练大赛要求的技能，体现了教学过程、赛训过程与生产过程的相互对接。

由于内外环境的不断变化，当产业升级变化时，会带来新岗位，也会淘汰一部分旧岗位，原先的岗课赛证融通需要进行再适应改革，才能满足新业态、新形态下新岗位对人才培养的新要求。

从外环境看，随着我国经济社会的发展，现代产业发生了深刻变化，催生了大量的新业态和新岗位，引发了专业"外环境"的巨大变化。这也给高职教育带来了新的挑战和机遇。新技术和业态的出现，原有的岗课赛证融通架构和机制变得不再适宜，因此需要重新审视融通起点"岗"环节，提高产业站位，重构相关的赛项和标准，重新整合新职业标准、竞赛标准和教学标准，形成新的"三维"标准融合，并以其引领岗课赛证融通的优化调整来增强融通的再适应性。例如，教育部高职汽车职业技能大赛已调整"汽车维修"赛项为"汽车技术"赛项，并增加了新的比赛分项和标准，以适应专业"外环境"的变化。为缩小职业教育的时效性与产业发展间的"剪刀差"，以学生全面发展为出发点，高职院校必须避免把课程建设的重心放在比赛"套路"的解读和训练上，而要依靠产业学院校企合作，以"产"与"教"相互渗入和深入的方式，以高质量的"教"适应外部发展变化的"产"，确保高素质人才供给与产业需求之间的动态平衡。

从内环境看，各项配套资源围绕着"课"展开工作，使得"课"成为"内环境"的中心。由于"外环境"的科技进步推动了产业发展，也带动了职教专业"内环境"中心"课"的改变。而"课"作为"岗""赛""证"的连接纽带，需要以职业需求为导向、以课程育人为理念，在课程体系中贯穿"三维"标准融合，强化岗课赛证融通，以适应区域产业发展的对标建设。同时，校企合作在融通中发挥重要作用，明确了学院、合作企业责权利的统一性，促进了"产赛教"深度融合，进一步提高了岗课赛证融通对新的"内环境"再适应性的能力。

但是，岗课赛证在融通过程中，不可避免会遇到一些问题。

（1）岗课赛证融通过程中，学校与合作企业发展理念不合。作为校企合作结晶的混合所有制产业学院，双主体拥有不同的主要目标。学校主体的目标是培养高素质技术技能人才，注重公益性，追求岗课赛证融通的育人价值。而企业主体的目标是追求投入产出利润率，更愿意投入资源进行新技术、新工艺、新材料的研发，追求经济价值。产业学院这种双主体的理念差异影响了岗课赛证融通的程度，导致与产业发展的步调不同步。

（2）岗课赛证融通过程中，相关责任方责权利不明晰。岗课赛证由四个主体组成，包括企业、学校、赛事主办方和发证方。其中，产业学院的"岗课"双主体融通程度决定了"赛证"融通的质量和效果。同时，产业学院责权利的统一性与"岗课"双主体融通程度密切相关。然而，目前存在的缺乏地位立法、产教融合型企业税收立法以及地方政府的财政配套立法等问题导致产业学院岗课赛证融通缺乏强制约束，使得多方融合的理想变成了片面整合的局面。同时，岗课赛证中的"岗""课""赛""证"每一环节的融通质量都会影响技术技能人才的整体培养水平。因此，对于上述四个育人环节，应该建立相应的责权利约束制度，以确保融通节奏的顺利进行。

（3）岗课赛证融通过程中，对标建设动力不足。产教深度融合、校企紧密合作是基于育人价值共享和技能价值互补的治理原则。这种治理原则赋予了混合所有制产业学院岗课赛证环节融通自主权。然而，目前岗课赛证融通的对标建设仍然存在不足：首先，标准引领不足，导致产业学院的课程体系跟不上新业态和新岗位的变化。其次，课程改革力度不足，存在与产业技术不同步的问题。并且，产业学院未能全面引入构建"岗、证、赛、创、研"融通的课程模块。最后，支撑体系不足。如果其中任一要素不足，就会导致整个融通支撑体系不完善，进而影响融通质量。现有的问题需要产业学院与企业合作方充分协调，共同推动改革，进一步提升岗课赛证融通的水平。

针对上述岗课赛证融通过程中存在的问题，本书提出以下解决对策。

（1）统一认识，实施现代学徒制。现代学徒制是我国职业教育的一种新型育人制度，能够满足产业学院双主体的价值需求。现代学徒制以有效执行"1+X"证书制度为切入点，将岗课赛证与产业转型升级结合起来，探索产教融合和校企合作的新育人模式。这种模式下，教学课堂变成了"入学即学徒、课堂在车间、作业即产品"的形式。根据岗位需求，不断补充和迭代"课赛证"中的技术技能内容及其等级标准，并与第三方社会评价组织合作，进行技术技能的评价和考核。

（2）明确责权利。从责权利相统一的管理学视角审视产业学院岗课赛证融通育人模式，需要完善政府、学校、行业、企业的协同机制，确保责权利对等。在这个模式中，"责"是指四方在产业学院融通中应承担的责任和义务，"权"是指四方在融通中的支配力量，"利"是指四方在承担了相应责任后应获得的利益。

首先，需要明确四方在融通中的工作责任和协同，赋予校企合作建设权利。政府应该制定政策，引导校企合作，并提供桥梁和支持的工作。行业应该负责收集、分析产业发展信息，并对校企合作方向提出指导，并向政府提供决策咨询。校企合作则应共同建设、管理和共享产业学院，并使其成为岗课赛证融通的载体。

其次，需要根据四方的责任分工，建立针对产业学院岗课赛证融通的激励和约束机制。要完善校企合作的立法，依法行使相关权益。政府主管部门应严格按照相关法律，保障学校和企业的权益。同时，应建立产业学院的考核机制和行政问责制度，追究不落实相关权益责任人的责任，以尽量降低校企合作岗课赛证融通目标实现的难度。

（3）遵循教育价值和市场价值双重治理。国家应制定"双主体"立法，并出行政部门负责落实措施，包括建设标准、配套经费、税费优惠、督查验收等。地方政府和产业行业协会联合指导企业和职业院校建立产业学院，搭建由党委领导下的董事会决策、校长负责、合作企业参加教学与管理组织架构，即岗课赛证融通治理委员会。该委员会负责制定与国家、上级管理部门相关法律法规相适应的校企协同制度，并落实绩效考核细则。

为配合治理委员会更好地开展工作，还需要建立"同行专家参谋"机制，由政府管理部门负责人、行业负责人、校企合作负责人、具有高级职称的校企骨干代表和外校高级职称的同行组成"参谋小组"，对产业学院岗课赛证融通过程的教育科学性进行分析和建议，并且预警重大潜在性问题。

应充分利用信息化手段，建立岗课赛证融通治理信息平台。该平台应采用会员注册制，及时发布国家、省、市、产业园区产业技术研发动向，整理相关政策与合作文件，并向治理委员会、"参谋小组"成员和产业学院教师及时推送。同时，应设立信息互动区以便会员及时交流最新产教融合信息。

另外，应秉持"融通与开放"双治理理念并形成制度，积极开展对外交流与合作，尤其要与国际国内同类型高水平职业教育机构互学互鉴，取别人所长、补自己所短，不断提升岗课赛证融通治理水平。

2.5.2 探建岗课赛证人才培养模式

岗课赛证融通人才培养体系以能力目标培养为核心。高职院校应针对学生初始就业岗位设定实践教学目标，针对学生发展就业岗位设定理论教学目标，并引入双证书制度；以职业技能大赛为突破口，通过教、学、做一体化的教学设计打造动态的高职教育教学平台，建立职业教育课程新格局，实现以就业为导向的高职教育目标；通过大量的市场调研，围绕专业方向定位，积极探索、开发、设计、实践和验证，对人才培养模式进行更新和优化。这样，可以探索出行之有效的岗课赛证融通的人才培养模式。可行的思路如下。

（1）深入调研，确定人才培养目标。确定精准的培养目标对人才培养模式起着关键性的作用，只有明确的培养目标才能构建有效合理的人才培养模式，人才培养模式应无缝衔接企业的用人需求。例如，成都工业职业技术学院多次召开企业专家研讨会，以深入了解企业对新媒体营销人才的需求情况。同时，成都工业职业技术学院进行了大量市场调研，对高职毕业生及其就业单位进行社会调查，在明确就业岗位需求的基础上调整专业人才培养方案。成都工业职业技术学院通过"毕业生跟踪调查问卷"和"企业对新媒体营销人才需求"的调查，来确定专业就业岗位、调整人才培养目标和职业岗位能力体系。

（2）尊重教育规律，明确人才培养模式。高职院校的办学方向是以工作岗位为导向，以职业能力为核心，面向市场培养高素质的技能型人才。因此，高职院校各专业建设应该以此为依据，立足行业实际，构建"基于三环渐进下的岗课证赛"深度融合的人才培养模式。例如，北京信息职业技术学院市场营销专业新媒体营销方向的"岗课证赛"深度融合人才培养模式，建立在了解区域经济、社会调研和企业行业专家建议的基础上。该模式确立由销售推广、客户服务、市场及数据分析、运营管理、文案创作等岗位组成的岗位群以及职业技能目标，将新媒体运营、新媒体营销、营销策划等资格证书所对应的理论知识、技能操作、综合素质等要求融入专业课程中，形成基于新媒体营销工作过程的"岗课证赛"深度融合课程体系。该模式将职业证书考试大纲与专业教学大纲衔接，做到课程与工作过程融合，课程与职业证书融合，各个学期根据学习内容和进度，组织学生参加各类体现专业特色的技能竞赛，以竞赛促进训练，以竞赛强化技能。同时，该模式将竞赛作为一种衡量专业技能、提高教学水平、检验教学质量、进行横向对比的手段之一。

（3）推进基于岗课赛证融通的专业建设改革。在高职院校求学的三年中，学生每年都在企业环境和学校环境中学习，学生与企业的接触面越来越大，时间越来越长，融入深度也越来越深，无论是核心技术课程还是实训课程，都是循序渐进，逐层深入，并且直接或间接与企业融合，不同类型的课程之间既相互联系又相互配合或补充。学生经过三年的学习后，可以达到近距离或零距离与企业对接的目标。基于该总体思路，高职院校需要充分调研企业，并对课程体系、教学内容、教学方法进行改革。高职院校应采用基于"项目导向、任务驱动"的教学模式，将课程学习与职业技能大赛、职业技能证书融合，建立全过程考核制度，促进学生学习能力、职业技能及职业素质的提高。

（4）深化校企合作，实现岗课融合。为了实现"岗课证赛"的深度融合，高职院校需要加强与企业的深度合作。高职院校应积极寻找对口的企业进行调研，探索多种校企合作方式。例如，采用学校与合作企业联合培养人才；邀请企业行业专家和技术能手参与专业人才培养方案的制定，使人才培养方案更贴近企业的实际需求；开展企业专家讲座；引进企业项目进入课堂；学生走进企业进行实习实践等多种方式培养实战复合型的人才。高职院校应通过大量调研以及企业专家研讨会的成果分析，根据企业岗位需求对专业课程体系进行整合与细化，确定岗位群的专业核心课程、支撑课程和拓展课程，实现岗课的深度融合。

（5）优化课程，实现岗课赛证融合。课程可分为基础课程、核心课程、支持课程和拓展课程四大体系。理论课程与实践课程的课时比小于1，突出对学生实践技能的培养。同时，高职院校应结合高职学生的特点，三年培养、三环递进：第一年打好专业基础，开设基础专业课，学习基础理论和技能，设计校内定岗实习，明确岗位认知；第二年突出专业技能，增加核心课程，通过第二课堂等大力开展技能竞赛和校企项目实施，教学中融入专业技能证书考核内容，突出学中用、用中学，强化专业实践技能的培养；第三年注重素质及职业能力的形成，做好顶岗实习和社会实践活动，为顺利过渡到工作岗位做好充分的准备。

（6）启发学习兴趣，做好岗课赛证对接。高职院校应通过鼓励和指导学生参加大赛，培养学生竞技精神，同时体现专业实用性，激发学生学习兴趣。高职院校应在课程体系设计中融入职业技能大赛的内容，选定教学项目，制定考核标准，并配置丰富的教学资源，确定相应的教学模式。基于"三环渐进"的原则，高职院校应根据学习进度，引导并指导学生参加与专业相关的技能大赛，以专业资格证书的考查范围为参考进行专业课时的设定。同时，高职院校应考虑专业课程教学、职业技能大赛和职业资格证书的整合，制定相应的激励制度。例如，学生获得专业资格证书可获得学分置换，参加院级以上的大赛并获奖可以申请特殊奖学金或考虑在学期课程成绩中有所加分等。这样可以使学生掌握专业知识的精髓，激发学生的学习兴趣，提高获证率和获奖率，并增加求职应聘的竞争力，从而提升学生的就业自信心。

为适应社会发展的新形势，高职院校应当摒弃旧的教育教学观念，打破以学科为体系的教学模式，根据自身专业发展实际和规划，不断创新，建立以岗位需求为核心的人才培养模式。高职院校应围绕职业能力培养，突出实践技能。在"三环渐进"的基础上，实现"岗课证赛"深度融合。高职院校应以岗位需求为依据确定教学课程，将职业技能证书和竞赛相融合，相互补充，相互促进，通过在课堂中学习，实践中学习，竞赛中学习，真正培养出符合企业需求的高素质技能型人才。

案例篇

3 理虚实一体"汽车装配与调试"课堂探索与实践

3.1 背景与问题

3.1.1 案例背景

成都工业职业技术学院汽车制造与试验技术专业是四川省"双高计划"建设专业群骨干专业、成都市第二批现代学徒制试点专业、成都市重点专业,"汽车装配与调试"是专业核心课程,现已建成校级精品在线开放课程。

汽车产业是国民经济战略性、支柱性产业。产业转型升级与智能制造技术的迅速发展对汽车制造人才提出了新要求、新挑战。为了培养具有就业核心竞争力和可持续发展能力的汽车智能制造高素质技术技能人才,成都工业职业技术学院围绕立德树人根本任务,结合区域产业发展需求,聚焦汽车制造与试验技术专业岗位群职业能力,紧扣汽车制造与试验技术国家教学标准,对接汽车制造与试验国际先进标准、汽车装调工技能大赛评分标准、国家职业标准、"1+X"证书标准等要求,开展课堂革命的探索与实践。

3.1.2 主要解决的教学问题

(1)解决教学内容与职业岗位不匹配的问题。

为提高专业人才培养的适应性,使培养的专业高技能人才与汽车产业转型升级需求对接,成都工业职业技术学院基于企业的岗位技能标准设计相关课程，但在实际中存在课程教学内容与企业需求和工作技术脱节，与职业岗位不匹配的问题。

（2）解决职业认可度低的问题。

学生在就业时，特别关注岗位工作内容、晋升率、薪酬水平等，而汽车制造与试验技术专业毕业生进入汽车制造厂，在汽车装调岗位上从事较辛苦的工作，这在很大程度上影响着学生的学习投入热情和学习动力，使学生无法主动、全身心投入到专业学习中，潜意识里形成对职业的否定态度，认可度不高。

（3）解决重结果评价、轻过程考核的问题。

"汽车装配与调试"在课程改革以前的考核方式，多重结果、轻过程，"一考定分数"的考核方式忽视了学生平时的表现和学习能力的提高，不能激发学生参与的积极性。

（4）解决装调实践操作能力薄弱的问题。

课程实施应围绕汽车装调工等工作岗位所要求的知识、能力开展，但"汽车装配与调试"课程以往的教学重理论轻实践，忽视了对学生实际装调操作技能的培养。

（5）解决学生学习主动性不强的问题。

在"汽车装配与调试"课程改革之前，由于受时间、空间的局限，学生的学习仅限于传统的课堂和简单的零件拆装，且教学资源单一，无法激发学生的学习主动性。

3.2 过程与内涵

3.2.1 形成过程

（1）理论构建。

成都工业职业技术学院以习近平新时代中国特色社会主义思想为指导，全面贯彻党的教育方针，落实立德树人根本任务，根据党的二十大报告加快建设制造强国的要求，聚焦传统汽车产业向高端迈进的趋势，匹配汽车装调人才需求，培养学生掌握汽车装调核心岗位技能。

（2）试点研究。

为落实课程改革试点方案，成都工业职业技术学院通过走访企业，充分掌握企业对汽车装调工的能力要求、需求层次、内部人才培养晋升路径；通过问卷调查，了解毕业生的就业情况、装调工岗位职责、知识技能应用情况、薪酬水平，对专业人才培养的评价与建议等；通过调研及课程实施，发现课程存在的问题，确定课程需要改进和加强的方面，并针对性地指导课程建设和实训资源建设。

为确保课程良好运行，成都工业职业技术学院以课程为单位组建老中青结合、专兼职融合的课程团队。团队有四川省教学名师 1 人、教授 1 人、成都工匠 1 人、讲师 3 人。团队成员全部具有相关企业工作经历，双师素质高。成都工业职业技术学院同时聘请汽车制造企业能工巧匠、技能大师指导课程实训。课程团队结构见表 3-1。

表 3-1　课程团队结构

序号	姓名	单位	学历	职称	是否有企业工作/实践经验	教龄/年	备注
1	宋林	成都工业职业技术学院	研究生	工程师	是	7	
2	梁钱华	成都工业职业技术学院	研究生	教授	是	14	
3	余东	成都工业职业技术学院	研究生	讲师	是	6	
4	谭妍玮	成都工业职业技术学院	研究生	讲师	否	6	
5	姜雪茹	成都工业职业技术学院	研究生	副教授	是	38	四川省教学名师
6	段庆	四川领吉汽车制造有限公司	大专	/	是	/	成都工匠

针对课程存在的问题，采取以下解决措施。

①岗课赛证融通，重组教学内容。

成都工业职业技术学院根据汽车装调工、汽车维修工职业岗位能力分析，对接国内大型汽车制造企业、维修企业目标岗位的要求，将新技术、新工艺、新规范融入真实工作任务；以课程标准为依据，结合英国汽车工业学会国际标准、汽车技术技能大赛评分标准、汽车装调工国家职业标准、"1+X"燃油汽车总装与调试职业技能等级证书要求，以精益生产全面质量管理思想为指导，确定课程的三维目标和教学重点，提升汽车装调工、维修工能力培养规格，实现岗课赛证融通，见图3-1。

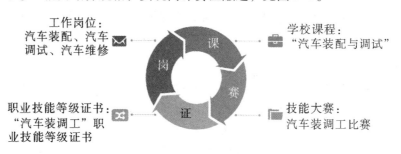

工作岗位：汽车装配、汽车调试、汽车维修

学校课程："汽车装配与调试"

职业技能等级证书："汽车装调工"职业技能等级证书

技能大赛：汽车装调工比赛

图 3-1 岗课赛证融通

②思政浸润，提高职业认可度。

在教学实施中，成都工业职业技术学院将"理想·价值·人文精神"融入技能学习过程中，构建"安全规范·精益求精·专注创新"课程思政体系。每个任务以汽车质量问题引发的事故警示学生，唤起学生的质量意识。实训过程中，强调安全规范，树立"敬畏生命，敬畏规章"的意识。在实训场地自主品牌汽车生产现场，通过介绍新技术、新工艺、新规范，宣传中国制造和中国力量，树立为国家汽车制造事业奋斗的理想，将个人的小梦想与汽车产业的大未来紧密联系。每个任务以讲好汽车人的故事结束，故事人物为央视"改革开放40年·致敬中国汽车人物"中的先进基层员工，既展示榜样，又有很强的代入感，他们身上的爱岗敬业、精益求精、专注创新的品质，平凡且伟大，可比可学。成都工业职业技术学院从劳模故事中吸取营养，帮助学生走出专业误区，帮助学生树立"学习或做事要吃得起苦，创业或成事要融入团队"的精神。课程思政体系见图3-2。

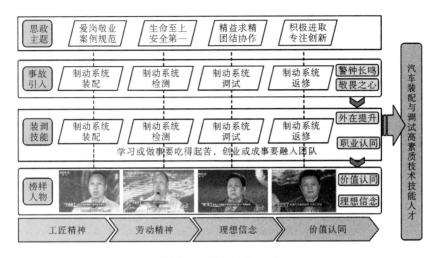

图 3-2　课程思政体系

③注重过程考核，探索增值评价。

成都工业职业技术学院构建了三维多元四结合评价体系，注重过程考核，关注个体成长进步，探索增值评价。教学过程中由教师对理论知识和虚拟实训进行考核，重点监测学生的知识掌握度、课堂参与度等数据，在学生仿真实训达标后，进入实车训练。成都工业职业技术学院结合岗课赛证标准，对学生进行知识、能力、素养三维目标综合评价，其中阶段任务过程评价占 70%，终结性评价占 20%，课后拓展占 10%。评价由学生自评、互评和教师总评、企业导师点评构成。课后拓展主要考察职业认同和职业价值。学生主动预约开放实训室训练，并将学习成果上传实训考核平台，由企业专家和第三方进行评价，该评价也可以作为行业考核依据以及推优荐岗和企业招聘参考。通过即时评价，学生始终能看到自己的阶段性成果，构建自我成长轨迹，引导学生同自己对比，感受成长进步，激发学习动力，提升学习效果。考核评价过程见图 3-3。

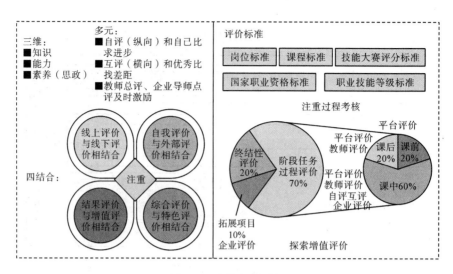

图 3-3　考核评价过程

④实车实战训练，提升装调实践操作技能。

成都工业职业技术学院结合汽车装调工岗位能力要求，按照课程的教学需求，对接国际化标准、职业技能等级标准，和四川领吉汽车制造有限公司开展校企合作，共建"校中厂"实训基地，开展实车实战训练，实现实践技能的提升。

⑤理虚实结合，督促学生主动学习。

成都工业职业技术学院深度开展校企合作，与企业联合开发汽车装调模拟实训软件，将理论知识融入虚拟仿真，开展游戏闯关式教学，结合AR技术，创设沉浸式情境体验，激发学生学习热情，促进学生主动学习和自我完善。另外，成都工业职业技术学院还有序开放现有实训场地，有效开展实车拓展训练，督促学生自我提升。

（3）案例形成。

成都工业职业技术学院结合课程背景，分析课程定位，采取企业走访、问卷调查等方式，充分掌握企业岗位需求和毕业生就业情况，分析课程中存在的问题并采取措施，开发线上线下教学资源，在课程实施中不断反思与总结，形成可复制可推广的"课堂革命"经验，为更多的课程改革提供有益借鉴。

（4）推广应用。

校内，汽车制造与试验技术专业在各年级推广应用"汽车装配与调试"课程，线上开发在线开放精品课程，组织学生在线学习。线下开放实训车间，供多个专业各级学生技能提升训练。校外，依托成都工业职业技术学院领办的汽车职教集团平台，形成优质职教资源，向集团内其他学校的同类课程示范辐射；以产教融合示范项目为契机，依托高水平专业群，发挥课程的示范引领作用；发挥专业在中高职贯通人才培养联盟中的带头作用，帮助联盟学校推进专业建设和课程建设。

3.2.2　案例内涵

（1）案例理念。

成都工业职业技术学院以习近平新时代中国特色社会主义思想为指导，落实立德树人根本任务，全面推进课程思政协同育人，课程紧跟汽车产业新趋势，坚持以学生为中心，使学生通过课程的学习，形成面向未来就业和个人发展所需要的核心素养。

（2）案例模式。

成都工业职业技术学院通过重组教学内容，调整教学策略、组织形式，拓展教学资源，校企深度融合，构建了理虚实一体的教学模式；以工作过程为导向，将工作过程转化为学习项目，每个任务对应各工段的具体工作，按照成果导向的教学理念进行教学设计；依托民族品牌汽车企业等真实工作情境和校企共建虚拟仿真实训平台等信息化技术，借助制造企业和学校教学中心逐步开展实车实战训练，实现学生能力递进式培养。

（3）案例意义。

①促进学生就业和适应汽车产业发展需求，对学习环境、资源、教师、教材、教法等进行全面改革，提高教学的职业性、实用性。

②构建以学生学习为中心的课堂，结合丰富的信息化支撑，为不同基础、不同类型、不同特征的学生提供个性化服务，激发学生学习动力，促进学生主动学习，使学生从汽车装调知识、能力、素养多方面得到全面发展。

③重塑教师的角色和使命，重构课程内容和课堂形式，使教师从知识的搬运工转变为可以引领学生创新发展的专家型导师，提升教师职业成就感和幸福感。

3.3 做法与经验

3.3.1 具体做法

（1）对接岗位、大赛、"1+X"证书等要求，重构教学内容。

按照学生职业成长路径对应的岗位、汽车装调工比赛、装调工证书等要求，成都工业职业技术学院将课程内容重构为装调认知、装调专项训练、内外饰与附件装调、动力总成装调、底盘装调5个教学模块，8个实战训练项目。成都工业职业技术学院借助汽车制造厂、教学培训中心等开展工学交替教学，落实"育训岗创"能力递进式实战育训体系。

岗课赛证融通教学内容见图3-4。

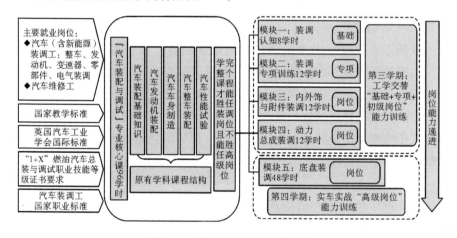

图 3-4　岗课赛证融通教学内容

（2）多种途径手段，分析学生学情。

案例实施对象为汽车制造与试验技术专业二年级学生，本书结合学生第三学期在学校和企业两个育人主体间的交替学习、轮岗实践情况，根据教学平台、虚拟仿真实训平台学习数据记录，通过课前测试、课堂表现、课后作业、拓展训练、调查问卷等情况统计，结合教师观察与访谈进行学情分析。学情分析见图3-5。

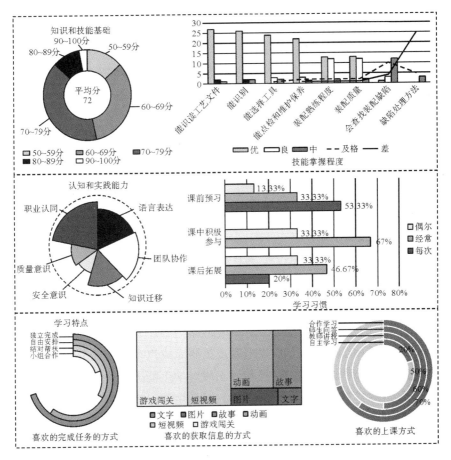

图 3-5　学情分析

（3）基于培养定位和学情分析，确定教学目标。

以课程标准为依据，结合英国汽车工业学会国际标准、汽车技术技能大赛评分标准、汽车装调工国家职业标准、"1+X"燃油汽车总装与调试职业技能等级证书要求，以精益生产全面质量管理思想为指导，将人、机、料、法、环（4M1E）现场质量管理五大要素融入教学，确定三维目标，提升汽车装调工、维修工能力培养规格。基于教学目标和汽车装调返修岗位核心技能，结合学情分析，及往届学生情况和教师经验，预判课程的教学难点，见图 3-6。

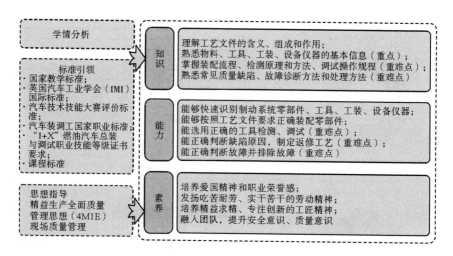

图 3-6 预判课程的教学难点

3.3.2 教学策略选取

（1）基于成果导向教育理念，优化教学内容。

课程从装调合格的整车成果出发，按照完成汽车装调任务所需的装→检→调→修全流程岗位工作过程和各工段对学生能力递进要求，进行反向设计，瞄准教学目标，优化教学内容。以学生学习为中心正向实施，利用信息化教学手段，实时跟踪学生学习效率，并及时调整教学行为，优化学习成果，构建起全方位、全过程、全员参与的闭环教学质量保障与监控体系，考查学生是否熟练掌握了协作模式下独立完成某项操作技术的能力及与之相适应的素质，并建立持续反馈机制，形成持续改进的质量文化。

（2）开展合作释义，强化学生主体地位。

根据学生每个任务的综合表现，分析学生的学习风格和特点，结合学生意愿，把学生分成六个小组，将学习积极性不高的学生分散到各小组，采用结对帮扶的形式，开展互助式学习、分工式合作、团队式拓展，形成见贤思齐的学习氛围，培养"以十当一"的团队作战意识。基于成果导向的教学设计见图 3-7。

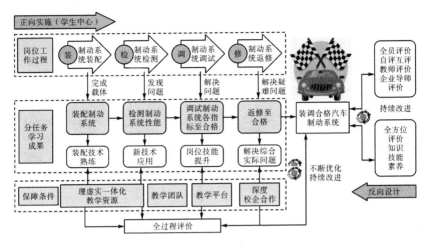

图 3-7　基于成果导向的教学设计

（3）理虚实一体化教学模式引领，丰富教学资源支撑，激发学生学习主动性。

传统理论讲授很难激发学生的学习兴趣，借助校企合作开发的虚拟仿真系统，将理论融入虚拟仿真，开展游戏闯关式教学，结合 AR 增强现实技术，完成实车上难以实现的故障模拟及返修。体验式的学习能够唤起学生的学习欲望，激发学习动机，促进主动学习和自我完善。体验式学习综合利用多种信息化手段，提供丰富的学习资源，全面服务学生自主学习，释放更大潜能。理虚实一体化教学模式见图 3-8。丰富的教学资源支撑见图 3-9。

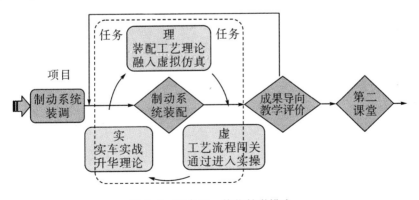

图 3-8　理虚实一体化教学模式

图 3-9　丰富的教学资源支撑

3.3.3　经验

（1）岗课赛证四位一体，内容要素相互整合，重构课程内容，实现生产过程和教学过程、岗位标准和课程内容精准对接。

（2）围绕岗位工作中的具体任务，将新技术、新工艺、新规范融入课程内容，及时更新教学内容，保持知识、技能与素质要素的先进性，体现出课程的时效性。

（3）考虑生源结构的多元化和学习需求的多样性，从学生学情出发，确定教学目标，判断教学重点难点。

（4）落实"立德树人"根本任务，挖掘课程知识与能力对应的职业拓展能力，并以典型人物、大国工匠等为例，在课堂教学活动中予以渗透，从劳模故事中吸取营养，帮助学生走出专业误区，树立"学习或做事要吃得起苦，创业或成事要融入团队"的精神。

（5）构建理虚实一体化教学模式，校企开发虚拟仿真系统，将理论融入虚拟仿真，综合利用信息化平台，全面服务学生自主学习，释放更大潜能。

（6）构建三维多元四结合评价体系，注重过程考核，关注个体成长进步，探索增值评价。

3.4　创新与特点

（1）岗课赛证融通，实战项目育人。

聚焦岗位需求，对接国际先进标准，参考技能大赛评分标准，引入"1+X"证书标准，不断与时俱进，及时更新专业知识。依托自主品牌汽车装配调试线，使学生参与到实际工作任务中，积累实践技能，做到知行合一。

（2）创新理虚实一体教学模式，服务学生自主学习。

深度校企合作，与企业联合开发汽车装调模拟实训软件，将理论融于虚拟仿真，开展游戏闯关式教学，结合 AR 技术，创设沉浸式情境体验，激发学习热情，促进学生主动学习和自我完善。有序开放实训场地，有效开展实车拓展训练，服务学生自我提升。

（3）技能素养融合，增值评价激励。

"理想·价值·人文精神"引领，企业精益管理和标准化作业要求规范，新时代汽车人物榜样示范，帮助学生树立"安全规范·精益求精·专注创新"的职业精神。实施三维多元四结合评价体系，借助自主开发实训考核平台，引入企业和第三方评价，结果作为荐岗推优参考。通过即时评价，构建自我成长轨迹，激发学生学习动力，实现增值促进。

3.5 应用推广效果

本课程面向汽车制造与试验技术专业学生完成 6 轮实施，累计覆盖 560 人次，共 2 088 学时。学生在课堂任务、讨论、测验等环节的参与积极性提高，以 2020 级汽制专业为例，共 108 人，课程点击量 59 643 次，发布任务点 173 个，发起讨论 80 次，参与讨论共计 1 093 人次，课堂互动率达到 100%，有效激发了学生的学习兴趣和积极性。

依托课程，教师及学生荣获多项比赛奖项，以赛促学、以赛促教，提升了专业的影响力，形成了课程对人才培养的成果。课程教师团队参加教师教学能力大赛，获得校级一等奖、校级二等奖、四川省二等奖。课程教师团队指导学生参加第七届中国大学生"互联网+"创新创业大赛，获得四川省银奖；参加四川省首届中华职教赛创新创业比赛，获得四川省三等奖。

4 竞赛场景下"利润最大化"的供应链管理课程改革探索

4.1 背景及意义

2015 年 5 月由国务院印发的《中国制造 2025》提出，要精准供应链管理、加快供应链管理系统的推广应用、打造绿色供应链。供应链是以客户需求为导向，以提高质量和效率为目标，以整合资源为手段，实现产品设计、采购、生产、销售、服务等全过程高效协同的组织形态。供应链在促进降本增效、供需匹配和产业升级中的作用显著增强，成为供给侧结构性改革的重要支撑。2017 年 10 月 5 日发布的《国务院办公厅关于积极推进供应链创新与应用的指导意见》指出，培育 100 家左右的全球供应链领先企业，重点产业的供应链竞争力进入世界前列，中国成为全球供应链创新与应用的重要中心；支持高等院校和职业学校设置供应链相关专业和课程，通过深化高校教育教学改革，创新供应链人才培养机制，培养多层次供应链专业人才。

供应链管理课程内容广、知识点多、理论性强、学习难度大。目前，供应链相关的教材案例大多较陈旧、系统性差，以利润为目标的定量化指标不够突显。高职院校的供应链管理课堂教学仍然以理论讲授为主，游戏教学、案例教学等方法虽常有应用，但与生产实际相去甚远，没有竞技性，没有可比性，不容易调动学生以利润最大化为目标的学习动力。传统的考核方式也不尽合理，导致高职院校物流管理专业毕业生，缺少主动降本增效、以整个供应链利润最大化为目标的供应链管理思维和实际操作能力。

成都工业职业技术学院以供应链竞赛为背景，以供应链运营管理对抗实战为载体，以利润最大化为目标，辅以游戏、案例等教学方法，要求学生分别学习供应链各模块管理和经典理论。同时，成都工业职业技术学院还要求学生保证交货准时率，提高库存周转率，提高信用，最终落脚到净资产最大化。成都工业职业技术学院将传统的考核方法，改为平时成绩与供应链运营管理对抗实战成绩相结合的考核方法，不但要考核学生会做，更要考核学生怎么做，以达到方法最优、成本最低、利润最大。成都工业职业技术学院相关研究成果能够为物流领域的其他课程教学改革起到借鉴和引领作用。

4.2　研究现状及问题

张启慧等提出，职业技能大赛是提高人才培养质量的"载体"和"推手"之一，也是促进校企合作的平台之一，并从竞赛的组织、成果转化和实施两个方面，探讨校企合作的实践和发展，以促进技能大赛中校企合作的标准化、常态化、广泛化和有效性[①]。丁荣乐分析了职业技能竞赛对教学改革的作用[②]。王利芳指出，供应链大赛存在实践考核标准不明确，没有健全的职业技能竞赛长效机制，课程体系建设滞后和资源不足，课程理论教学、实训实践与岗位需求相脱节，学生不能获得岗位的核心技能等问题，并提出从职业技能标准、专业课程体系、职业技能竞赛和职业技能证书4个方面对供应链大赛进行重构[③]。靳荣利提出基于虚拟商业社会的高职供应链管理课程教学改革，以三维虚拟仿真技术构建供应链运营的虚拟商业社会场景，以顾客价值创造、传递和实现为特征的供应链管理目标，对传统的供应链管理课程进行基于工作过程系统化的项目化教学探索[④]。

①　张启慧，孙玺慧. 产教融合背景下浙江省高职物流技能大赛改革探究 [J]. 宁波职业技术学院学报，2016（6）：24-28.
②　丁荣乐. 职业技能竞赛对教学改革的促进作用与分析 [J]. 当代教育实践与教学研究. 2017（6）：156.
③　王利芳. 基于职业技能竞赛的《供应链管理》课程改革 [J]. 物流技术，2019，38（11）：68-69.
④　靳荣利. 基于虚拟商业社会的高职供应链管理课程教改探索与实践 [J]. 物流技术，2019，38（11）：34-35.

但是，我国专业的技能竞赛开展时间不长，全国供应链大赛才举行了两届，还没有与教学深度融合。供应链管理课程内容广、知识点多、理论性强、学习难度大。教师来源还是以学校居多，去企业轮岗实践的时间与环境条件限制，造成教师实践能力的缺乏。教学与生产实际存在脱节现象，所培养学生具备主动降本增效、以整个供应链利润最大化为目标的供应链管理思维和实际操作能力的人才非常稀少。学生不能获得供应链管理岗位的核心技能。

这些问题和困难的存在严重制约了供应链管理课程教学工作的开展。梳理与重构供应链管理课程授课模块，精炼教学内容，利用全国供应链大赛平台来推进"以赛代训、以赛促学"的教学模式改革，将"爱国、廉洁、诚信、吃苦耐劳"的思政内容贯穿始终；借助供应链大赛实战软件和学习通教学管理平台，形成"学、训、赛"相融合的供应链管理课程教学实践体系尤为关键。

4.3　竞赛场景下"利润最大化"的教学设计和评价

4.3.1　教学整体设计

（1）以"职业岗位"为依据，重构教学内容。

供应链管理课程，对没有经验的高职学生来说，比较抽象，难度也比较大。成都工业职业技术学院开发的供应链管理课程结合供应链管理生产实际岗位，将复杂的供应链管理课程，重构为供应链认知、采购、生产、销售及全程综合管理五大部分。供应链管理课程内容重构图见图4-1。

（2）以"利润=收入-支出"的利润最大化公式，精炼教学工作。

供应链及各节点企业，是以营利为目的的。供应链管理的目标，就是在双赢或多赢的基础上，在企业服务质量最优、响应周期最短、顾客满意度最高的前提下，使企业收入最高、总成本最低、利润最大，从而提高供应链及节点企业的竞争力。为了让培养出来的学生更贴近企业实际需要，成都工业职业技术学院将供应链管理课程，精炼为公式："利润=收入-支出"远大于0。每个模块的教学，都围绕此公式开展，并总结出了提高利润的两个途径：增加收入和减少支出。

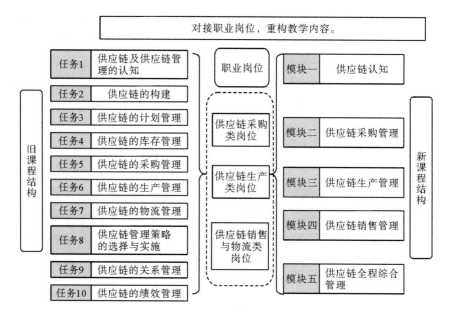

图 4-1　供应链管理课程内容重构图

（3）以"学训赛融合"为基点，确定教学目标。

成都工业职业技术学院将全国供应链大赛植入教学内容，结合每年一度的全国供应链大赛的校园选拔赛、初赛及复赛，以"学训赛融合"为基点，确定了教学目标。

知识目标：理解供应链、供应链管理和供应链合作伙伴关系的内涵；理解供应链采购、生产和销售管理相关知识；理解供应链全程综合管理相关知识。

技能目标：掌握效率型和反应型供应链相关知识、技能和方法；掌握供应链采购、生产和销售管理相关技能和方法；能运用多种信息技术进行供应链管理；能识别供应链管理中的风险；能运用绩效评价进行供应链控制；能识别供应链融资流程；能高效进行供应链运营管理对抗实战。

素质目标：培养爱国情怀，国家认同感，中华民族自豪感，具有社会责任感和参与意识；培养良好的思想品德、心理素质和职业道德；养成善于动脑，勤于思考，及时发现问题的学习习惯；培养良好的团队协作、沟通协调能力；培养对新知识、新技能的学习能力和创新能力；培养良好的信息收集、分析和处理能力。

（4）以"问卷调查"为途径，精准分析学情。

该课程授课对象为物流管理专业一年级学生。学生们普遍期望能有更好的发展。期待在毕业 3~5 年后能够做到管理岗位，能走得更高、飞得更远。经调查，14% 的学生为技能高考生，86% 为普通高考生（见图 4-2），学生更认同理论和实践的教学方式（见图 4-3）。学生文化基础知识整体较薄弱，对物流专业知识所知不多，也没有供应链管理实践经验。学生缺乏供应链管理的大局意识、老板思维，缺乏供应链管理中的逻辑能力、数据敏感度，供应链管理的成本意识、利润意识、效率意识、团队合作精神以及沟通协调能力较弱。学生性格大多较为活泼开朗，有想法，自我中心意识较强，对互联网兴趣浓厚，有一定的主动思考能力和动手能力，求知欲较强。但学习自律性不佳，听课时注意力集中度不够，比较难接受纯理论教学。

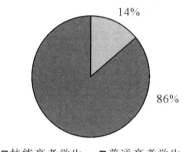

□技能高考学生　■普通高考学生

图 4-2　学生来源

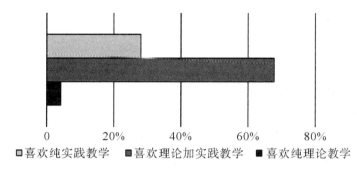

□喜欢纯实践教学　■喜欢理论加实践教学　■喜欢纯理论教学

图 4-3　学生对理论和实践教学的认同度

（5）以"多加法少减法"为理念，设计教学策略。

供应链管理知识的覆盖面较大，高职院校学生学习积极性不高，文化基础较差，学习不够刻苦，主动性较差，伴有自卑、厌学等情绪，但是，高职院校学生动手能力较强，有着比较独特的视角。在教学中，好的课堂教学策略可以激发学生的学习积极性，促使学生寻求相关知识点，挖掘自己的潜力，达到事半功倍的学习效果。好的课堂策略包括合理使用小技巧，激发学生的积极性；"理论+实践+竞赛"的学习安排，提高学生的主动性；运用心理策略，助力学生高效率学习。

（6）以"多渠道、多维度相结合"为方式，制定教学评价。

成都工业职业技术学院通过学习通和供应链实战平台，达成自评、互评、师评等多维度、多角度的评价体系，对学生进行全方位综合评价考核。学生在学习通平台上，完成签到、考勤、互动等日常教学常规和课前、课中和课后全过程学习轨迹记录和评价。学习内容评价主要包括：作业、测验、实训、仿真等要素。同时，评价体系还将每次仿真实训成绩进行记录，对学生进行增值评价（教学评价指标见表4-1）。

表4-1　学习通教学评价指标

评价构成	评价要素	评价主体	评价标准
课前（5%）	课前测试（5%）	教师	系统评价
课中（35%）	课堂考勤（10%）	教师	系统评价
	测验（5%）	教师	系统评价
	方案仿真（20%）	教师、学生	供应链实战标准
课后（60%）	课后作业（10%）	教师	系统评价
	考试（50%）	教师	系统评价

4.3.2　教学实施设计

（1）"预习与测试"相结合建构主动课堂。

根据学生认知规律，结合供应链认知及作业管理相关工作实际，成都工业职业技术学院将教学内容进行梳理、筛选和重构。在单元上课前，老师提前将预习资料通过学习通平台发给学生预习和测试，学生围绕课程主题展开自学与测试；教师在线与学生交流，答疑解惑，在课堂上展示测试结果，将"预习与测试"相结合建构主动课堂。

（2）"实践与理论"相结合建构联动课堂。

教师根据教学章节的内容选取真实的企业案例，引导学生理解知识、主动思考、总结方法；分小组完成学习任务并加重小组作业在平时成绩中的占比，培养学生协作能力，学会承担责任；利用供应链实战平台，让学生充分感知供应链整体运作的逻辑，强化学生技能。

（3）以"老板思维"为指导思想，建构生动课堂。

在单元的教学设计与实施过程中，成都工业职业技术学院借助供应链实战平台，在每个班级，成立一个校服生产工厂，指定老板、采购经理、生产经理、销售经理、物流经理、原材料供应商、客户等，以"老板思维"为指导思想，引导学生思考如何运营好该工厂及整个供应链。通过建构生动课堂，有助于激发学生学习的兴趣，产生学习动力，提升学习兴趣和学习效率。

（4）"将案例中的人物与同学"相结合，建构触动课堂。

单元的教学设计与实施过程中，以每个班级的校服生产工厂及供应链的运营为案例进行教学，直接称呼相应负责人为张老板、李经理、王经理等，让同学们真切地感受到职场的真实工作场景，最大限度地提高学生的参与度与学习热情，促使学生主动思考，如果是自己或同学作为案例企业的相关工作人员，应该如何最大限度地去经营案例企业，以达到供应链管理的目标。

4.4　课程改革实战与体会

竞赛场景下"利润最大化"的成都工业职业技术学院供应链管理课程改革根据现代物流管理专业人才培养方案及生产实际，梳理出课程授课内容，以供应链认知与作业（采购、生产、销售及全程综合）管理为主线，基于"利润=收入-支出"的利润最大化公式开展教学工作；利用全国供应链大赛平台来推进"以赛代训、以赛促学"的教学模式改革为亮点；将"爱国、廉洁、诚信、吃苦耐劳"的思政内容贯穿始终；借助供应链大赛实战软件和学习通教学管理平台，形成"学、训、赛"相融合的供应链管理课程教学实践体系。

三维目标达成深化。成都工业职业技术学院以"理论+实践+竞赛"思路进行教学设计和实施，使同学们能够深入理解供应链认知、采购、生产、销售及全程综合管理相关内容；理解供应链、供应链管理和供应链合作伙伴关系的内涵；掌握企业供应链相关作业管理相关技能和方法；了解供应链相关作业管理对企业竞争力的影响；能够初步进行供应链运营管理对抗实战，培养了学生的爱国情怀和中华民族自豪感，培养了良好的团队协作、沟通协调能力；培养学生树立了严谨认真的工作态度、吃苦耐劳的工作精神，善于动脑、勤于思考、学习和创新的能力；将知识、技能、素质三维目标达成了深化。

学训赛拓知行合一。成都工业职业技术学院围绕"理论+实践+竞赛"的模式进行教学改革，让学生通过理论课程的学习，提升实践操作技能；通过实践教学找出理论的不足；再通过实践操作，印证了理论，加上竞赛和拓展内容，使学生达到了知行合一的境界。

师生成效提升增强。过去两年中，成都工业职业技术学院的教师和学生围绕供应链参加了各项比赛，多次获奖。其中，一名教师获首届全国物流与供应链专业教师职业能力竞赛特等奖 1 项，学生获全国供应链大赛二等奖 1 项，三等奖 6 项。由于展开供应链管理课程改革工作，教学团队获聘学院骨干教师 1 名，3 名教师双师素质得到了提升。教师团队受邀为成都大运会、苏宁、四川极兔提供了物流与供应链技术咨询服务 3 次。

4.5 结论

成都工业职业技术学院将复杂的供应链管理课程，用"利润＝收入－支出"公式来概括，并结合供应链生产岗位实际，以供应链技能大赛为载体，提炼在保证准时交货、提高客户满意度等服务指标前提条件下，如何尽最大可能提高收入、降低成本，实现单个模块利润最大化，从而达到整个供应链利润最大化目标。供应链管理课程教学改革，解决了供应链管理课程内容广、知识点多、理论性强、学习难度大的问题，可以培养出更适应企业发展需要、能主动降本增效、以整个供应链利润最大化为目标、具备供应链管理思维和实际操作能力的人才。同时，技能竞赛又能弥补高职院校教师实践能力的不足，推进教学观念转变，推进师资队伍建设。成都工业职业技术学院供应链管理教学改革研究成果还能够为物流与供应链领域的其他课程教学改革起到借鉴和引领作用。

5 高职院校技能竞赛培训体系的建设与探究

5.1 高职院校技能竞赛的意义

5.1.1 技能竞赛为职业教育搭建激励平台

《国家中长期教育改革和发展规划纲要（2010—2020 年）》明确指出：要大力发展职业教育，把提高质量作为职业教育发展的重点，并将开展职业技能大赛作为提高教学质量的重要方式之一。首先，技能竞赛作为一个高水平技能型人才的比武擂台，通过层层选拔的机制，在技能竞赛的训练过程中不断提升和锻炼参赛选手，最终能够培养一批具有综合能力强、技能突出的技术能手；其次，技能竞赛不仅仅限定于在校高职学生参加，同时也允许企事业单位已经工作的技能人才参加，这样有助于大家相互交流经验，不断提升技能水平。但是，技能竞赛的激励政策必须要落实到位。目前职业院校在教育当中地位比较尴尬，主要原因是受传统观念的影响，职业院校的学生都不愿意从事技术方面的工作。因此，必须在政策方面加大扶持力度和落实力度，这样才能够孕育中国职业技术技能人才培养的环境，为中国成为制造强国添砖加瓦。

5.1.2 有利于提升学生的技能水平，增强学生的学习能力

高职技能竞赛是以社会现实为背景，学生在平时训练过程中，要充分调动所学的基础理论知识、专业知识等，结合实际问题和现象加以思考，

并形成解决问题的方案，通过不断的循环，最终解决实际问题。在这一过程中，学生的积极主动性得到提高，潜在的创新创造能力和逻辑思维能力得到激发，技能水平和学习能力得到提升，为学生以后的工作积累宝贵的经验。

5.2 技能竞赛培训过程中存在的问题

5.2.1 忽视了对学生心理素质的培养

在技能竞赛培训的过程当中，由于时间紧迫，每天都需要进行专业知识学习和技能重复训练，选手难免会出现疲劳、情绪波动、压力增大等心理问题，面对全省甚至是全国的竞争对手，产生了培训动力不足，情绪低落等问题。还有一种情况就是有些学生平时在训练过程中，逻辑思维、操作都很娴熟，一旦进入到比赛当中，就会出现过度紧张，忘记操作的流程，出现错误操作的情况，以上都是学生心理素质较差的表现。竞赛过程中反映出来的问题，恰恰说明学生在平时训练过程中存在的明显不足。

5.2.2 竞赛训练过程中没有形成淘汰机制，要求不严格

2021 年举办的"第十三届全国交通运输行业城市轨道交通列车司机（学生组）职业技能大赛"要求，每个学校可以派出 2 组比赛队伍，每组队伍比赛人数为 3 人，我们在训练准备的时候，也只挑选了 2 组队伍，每组 3 人。但是，该职业技能大赛没有形成有效的优胜劣汰机制，阶段性考核缺失，加之训练过程中，要求不是很严格，导致学生训练过程中注意力不集中，出现纪律比较松散的情况。

5.2.3 竞赛设备、工具等准备不充分

随着国家不断加大对高职院校的投入力度，国家、省、行业等层面的竞赛项目越来越多，但是竞赛指导文件从发布到初赛的时间很短，设备工具的采购需要较长的操作流程和时间，导致很多高职院校竞赛准备都很仓促，甚至有些高职院校只能借助兄弟院校的设备进行训练，可想而知，训练结果达不到理想要求。

5.3　竞赛培训体系的制度建设

5.3.1　构建一套科学的竞赛管理体系，确保技能竞赛制度化、规范化、常态化

第一，构建一套科学的高职院校竞赛管理体系，可以形成自上而下的合力，使培训老师和学生从烦琐的工作当中解脱出来，解决他们的后顾之忧。比如，教师、学生在训练过程中，难免会与教学课程冲突，在制度上就应该解决竞赛培训可以作为学生课程学习的一部分。第二，能够充分调动竞赛需要的资源。第三，提升比赛准备各环节的工作效率。因为事业单位物资采购环节的周期比较长，应该将采购、财务环节的人员纳入这个竞赛体系当中，这样就可以提前做好充分的准备，不会造成因设备采购、工具等不到位，导致训练时间短、训练不到位的情况出现。

5.3.2　形成优胜劣汰的学生选拔机制

要使学员具备扎实的基本功，熟练掌握竞赛知识与技能，必须构建竞争平台，通过优选和淘汰，确定参赛选手和备战选手。通过选拔淘汰机制，能够约束学生在训练过程中可能出现的纪律松散，注意力不集中，操作不规范等情况，对学生形成一定的心理压力，有助于将他们内在的动力激发出来，达到良好的培训效果。同时也能够检验学生的心理素质，针对一些心理素质较差的学生，进行心理方面的疏导，提升比赛竞技心理素质。

5.3.3　制定一套完善的竞赛培训制度

俗话说"没有规矩，不成方圆"，合理的培训制度能够对培训老师、学生产生约束作用，保证竞赛过程具有良好的培训效果，达到培训目的。高职院校应该注重培训过程精准化，认真研究竞赛规程和项目评分标准，将训练内容分为多个模块，分别训练，对照评分标准，逐项突破和提高。高职院校还应该通过高强度训练、模拟比赛等形式，在训练任务上以"高强度、高难度"为原则，不断地给学员加压，激发学员的潜力。

5.3.4 制定奖励激励措施

奖励激励是指把奖励作为激励的一种手段，而且是一种重要手段，使用得当，能进一步调动学生的积极性，激发学生自我完善的积极性。奖励还是一种良好的教育方法，而且是在具体、生动、愉快的状态下进行的，因而更具有感召力和吸引力。因此，建立一定机制的奖励激励措施，能够促进学生技能竞赛训练的刻苦程度，更能激发学生的内在动力，提升学生的自信心。

5.4 竞赛人员培训方法

5.4.1 采用"双主线培训方法"

"双主线培训方法"即理论基础训练以学校教师为主，技能操作训练以企业教师为主的。根据国家制造强发展需求，国家鼓励发展多种层次和形式的职业教育，推进多元办学，支持社会力量广泛、平等参与职业教育。因此，深入探索高职院校和企业合作多元办学模式，对提高人才培养质量具有重要意义。如何实践"校企合作"，让"校企合作"落到实处，让企业深入融合到教学过程当中来，笔者认为，让企业深入参与高职技能竞赛是一条非常好的途径。首先，企业老师具有丰富的实践经验，对规章制度、操作规程等现场制度文件了然于胸，企业老师将这些宝贵的经验融入训练过程中，让学生更容易吸收接受，训练过程也会更活泼生动。其次，校企深度合作能够让学生有身临其境的工作感觉，让学生在平时学习过程中，就能以工作状态严格要求自己，培养严谨的工作素养。

5.4.2 打造团结协作的比赛团队

几乎所有的职技比赛都不是以个人名义参加，而是要求以团体参赛的，要将团队建设放在首位，实现优势互补。同学之间互存信任、沟通良好、尊重差异、互补互动，对团队表现出高度的忠诚和承诺，为了使群体获得成功，他们愿意去做任何事，愿意为实现同一目标调动和发挥自己的最大潜能。因此，在平时的训练当中，同学之间应该互相帮助，相互提升，以此达到提升整个团队水平的目的。

5.4.3 严格按照比赛规章制度训练

在竞赛训练当中，每个学生的基础知识、学习能力都不同，指导教师要抓住学生的天分，对有技能潜力的学生时时加以点拨，这是每个教师分内的事。在平时的训练过程当中，指导教师一定要有耐心，工作要细心，要多花心思针对不同特点的学生，给予最合适的指导。比如，对于平时遇事冷静的同学，要注重启发指导，鼓励学生通过试错来找到最优化的操作方式、技巧，培养学生善于思考、推理的逻辑能力，这样的学生在竞赛过程中，不管遇到什么问题，都不会慌张，在比赛团队中能起到"顶梁柱"的作用。

5.4.4 全面提升学生的比赛心理素质

在平时的训练过程中，指导教师要模拟竞赛场景，多采用鼓励措施，提升学生的自信心，努力让他们比赛中兴奋而不过度紧张，避免操作上面出现低级失误的情况发生。

5.4.5 严格要求，激发学生潜能

在集中训练学生过程中，指导教师和学生都要认真分析大赛规程和项目评分标准，每一个评分项，都要让参赛组员轮流通过，不能留下"死角"。特别是一些"一票否决"项，一旦出现问题就是前功尽弃，所以在训练过程中更应该严格要求。指导教师应通过模拟高强度的训练、比赛模拟等形式，在训练任务上以"高强度、高难度"为原则，不断地给学生施加压力，把学生的潜能激发出来，这样才能达到提升学生技术技能水平的目的。

5.5 结论

技能培训是技能竞赛中最重要的一个环节，对学生的技术理论水平、技能水平提升起着决定性的作用。因此，学校要把技能竞赛培训形成自上而下的管理体系，要制度化、规范化、常态化管理。首先，通过制度建设为技能训练提供软硬件方面的便利条件，充分调动各方面的有利资源，为

技能培训保驾护航；其次，注重培训方式、方法，充分利用校企合作的企业资源，将企业素质、素养融入技能培训当中，严格要求，注重细节，激发学生的潜在能力；最后，指导教师应该不断总结比赛经验教训，为中国成为制造强国培养出更多的技术技能型人才，更好地服务于社会。

6 职业院校技能大赛工程测量赛项研究报告

6.1 研究对象

6.1.1 职业教育提质培优行动计划要点解读

2020 年 9 月，教育部、国家发展和改革委员会、工业和信息化部、财政部、人力资源和社会保障部、农业农村部、国务院国资委等九个国务院职业教育工作部际联席会议成员单位联合印发《职业教育提质培优行动计划（2020—2023 年）》，大力推动职业院校加快体系建设、深化体制机制改革、加强内涵建设，着力解决职业教育吸引力不强、质量不高的问题。《职业教育提质培优行动计划（2020—2023 年）》强调，要实施职业教育"三教"改革攻坚行动，提升职业教育专业和课程教学质量，推动职业学校"课堂革命"，加强实践性教学，完善以学习者为中心的专业和课程教学评价体系。

2021 年 12 月，四川省教育厅、四川省发展改革委等九部门也联合制定发布了《四川省职业教育提质培优行动计划（2021—2025 年）》，对四川省职业教育高质量发展进行全面部署。《四川省职业教育提质培优行动计划（2021—2025 年）》特别强调，要突出职业素养培育和工匠精神塑造，围绕职业学校学生核心素养培育，强化职业操守教育，大力培养学生"干一行、爱一行、精一行"的职业品质。

6.1.2 研究对象选取

无论是国家层面的提质培优纲领性文件，还是省级层面的细化行动措施，都突出强调注重学生职业素养培育与工匠精神塑造，全面提升职业教育质量。成都市工业职业技术学校深刻领会国家、四川省文件精神，以职业院校技能大赛工程测量赛项为突破口，大力倡导赛训结合、以赛促教、以赛促改，把职业教育提质培优行动计划落到实处，以求改出亮点、赛出成果、教出成效。

在教育主管部门主导开展的技能大赛中，中职组工程测量赛项是举办历史较久、参赛范围较广、参与人数较多、社会关注程度较高的一项赛事，也是能够充分体现教育主管部门和政府各级相关职能部门共同意志的一项赛事。本书选取职业院校技能大赛中职组工程测量赛项作为研究对象，探索学校赛训结合、以赛促教之道，助推学校提质培优实践。

6.2　竞赛发展趋势

6.2.1　职业院校技能大赛的社会意义

普教有高考，职教有大赛。当前环境条件下，技能大赛对于职业院校提高人才培养质量、凸显办学特色，有着不容忽视的作用。新时代，技能大赛已成为我国职业教育发展的重要推动力量，成为职业院校全面提升办学质量和教学质量的有效途径，不仅可有效激励学生提升专业素养，而且对学生日后的工作也有积极意义。组织开展职业技能大赛，也是职业院校优化教育教学模式、增强职业教育吸引力、树立良好社会形象的有效手段。各级各类职业院校都高度重视技能大赛，希望通过职业院校技能大赛推进学校教育教学改革与长远发展。

6.2.2　职业院校技能大赛的功能与价值

综合考察职业院校技能大赛各赛项这些年来的发展概况，大致可作出以下判断：职业院校技能大赛的功能体现在检查教学质量、优选种子学校和引导教学改革上；职业院校技能大赛的价值体现在提高人才培养质量、推动教学手段创新、促进产教融合联动、共谋职业教育发展上。无论市级、省级层面，还是部委、国家层面，职业院校技能大赛都以"引导职业院校重视技能训练，提高全体学生的技能水平，为社会培养大批实用型人才，发挥其正确导向的积极作用，引领职业院校教学改革和技术创新"为根本目的。

6.2.3　工程测量赛项的发展趋势

纵观历年职业院校技能大赛工程测量赛项，可以大致了解到该赛项的发展趋势。从赛项设计来看，工程测量赛项基本体现了测绘行业标准和工程企业要求，着重考察选手面向未来工程勘察、工程施工、工程监理、工程养护等专业技术岗位必备的职业综合能力；从赛事的终极目标来看，工程测量赛项旨在推动职业院校专业教学改革，提高工程勘察、设计、施工、监理、养护等专门人才的培养质量。

2022年，全国职业院校技能大赛工程测量赛项调整了竞赛规则，职业院校技能大赛进一步与生产实际相结合，与行业新趋势、产业新动向、企业新需求、岗位新标准相结合，真正体现学用结合、知行合一。在这一点上，相信以后的大赛基本不会改变，其规程调整、发展趋势与市场需求将更加紧密，并有可能通过大赛解决企业实际生产问题，而不局限于对企业生产技术的再现与复制，从而实现人才培养与企业需求的无缝对接。

6.3　学校当前备赛工作的主要问题

6.3.1　学校变迁概况

成都市工业职业技术学校是成都市人民政府投资主办的国家公办中职学校。2014年，成都市工业职业技术学校在原有基础上申办高职学院，获得教育部批准备案，更名为成都工业职业技术学院。2016年，成都工业职业技术学院立足于中高职一体化发展战略，内设成都市工业职业技术学校为二级教学机构，同时保留成都市教育局直属学校地位，负责中职阶段人才培养任务，为学院高质量发展提供动能支撑。

6.3.2　学校参赛赛项选择

（1）赛项所涉专业。

自2016年以来，成都市工业职业技术学校基于资源条件，调整备案开设12个专业，其中，铁道施工与养护、建筑工程施工两个专业是学校面向工程施工与养护维修一线培养应用型技术人才和时代工匠的骨干专业，是学校开办历史较久、人文传统深厚的两个专业，是学校贯彻落实国家、省市提质培优行动计划的主要专业。工程测量是这两个专业的专业基础课程之一，对应于学生毕业后从事施工员、监理员、质检员、养护员等岗位工作所必需的基本技能——施工放样。而放样测量正是工程测量赛项最基本的技能比赛内容，专业培养方向与技能大赛赛项设置高度一致。

（2）赛项所涉课程。

工程测量课程涉及工程领域广阔，覆盖公路铁路、矿山港口、水利水电等工程施工和养护过程中的测量技术和成果运用，是一门理论性、实践性都很强的课程。

由于工程测量课程对铁道施工与养护、建筑工程施工两个专业学生的职业技能培育与职业素养养成起着重要支撑作用，在工程专业技能人才培养过程中具有先导性、关键性作用。因此，学校历来把工程测量课程作为铁道施工与养护、建筑工程施工两个专业建设的重要课程，选配水平较高的教师开展理论和实践教学，对标国家、省市技能大赛，鼓舞教师潜心施教，激励学生苦练本领。

（3）学校备赛工作短板。

成都市工业职业技术学校在保持高昂的事业进取心的同时，也清楚自身存在的巨大短板。一是师资队伍结构失衡，中老年教师占比大，青年教师总量严重不足，教师带赛积极性主动性不强；二是教师知识更新欠缺，多数教师没有接受专业新动向、行业新标准等专门培训，教学内容、教学方法难以与时俱进，指导学生参赛底气不足；三是实习实训设备投入不足，学校基本没有高新尖仪器设备，大赛组委会指定的比赛仪器设备须通过其他途径解决。

为此，学校通过对标职业院校技能大赛，承担了"遴选 3 000 个左右优质中职学校专业""依托国有企业、大型民企建立 1 000 个左右示范性教师企业实践流动站"等 10 项提质培优任务，补短板，缩差距，并通过备赛参赛，全面提升教学质量。

6.4　备赛策略

6.4.1　强化基本技能创新培养

在备赛参赛过程中，学校从自身实际情况出发，对现有师资、设备资源进行系统整合，组织教学经验丰富的老师担任《工程测量》课程教学任务，利用课余时间组织第二课堂活动，为学生开展技能创新发展活动提供必要的帮助；支持教师利用寒暑假到工程建设现场考察学习、承接大地测绘和施工控制测量任务，师生共同参与技能创新培养实践，提升师生解决实际问题的能力。

在理论教学方面，学校工程教研组根据工作岗位群的典型工作任务分析，提取工作内容，按工作过程重构课程教学内容，按项目设计教学模块和学习任务，学生掌握测量基本理论和专业认知水平超过以往照本宣科式教学的效果。

在实践教学方面，课程任教老师和实训指导老师共同面向学生开展实践技能培养，利用第二课堂开展实操技能强化训练。学生则分组分项目进行反复实操练习，直至能够独立选点置镜、观测读数，学会内业计算。学生操作测绘仪器的熟练性、测读计算的准确性，基本能够满足大赛和未来岗位要求，为学生迈步成长为现代工匠奠定了良好的技能基础。

6.4.2 健全技能大赛备赛机制

学校制定竞赛选拔程序，遵循公平、公正、公开原则，组织师生集体备赛训练，择优遴选参赛选手，所有环节都运行在广大师生的视线之内。学校将大赛成绩和国家奖学金评选、年度评优评先等工作有机结合起来，以技能大赛为杠杆，引导鼓舞学生积极参与各种技能大赛；将指导学生竞赛获奖、个人参赛成果与教师职称评聘、职级晋升、绩效奖励结合起来，激励广大教师关注技能大赛、指导学生参赛、个人出征参赛，从而为技能大赛在学校落地开花打下认知基础。

学校从一年级起，选拔数学基础较好、自我约束能力较强、吃苦耐劳的学生，组成工程测量大赛备赛梯队，指定实训指导老师进行测量实操技能和体能系统训练，委托当年国赛、省赛获奖选手进行实操强化带练，邀请工程测量专家来校对学生进行理论知识强化辅导和大赛应赛技巧示范点拨，根据学生实操技能掌握情况、体能体质状况、学业综合水平，组建出征队伍，代表学校参加市赛、省赛。

学校在组织备赛的过程中，充分运用物质激励和精神鼓励两种手段提振师生士气。

6.4.3 推进"双师"教师队伍建设

"双师型"教师队伍建设,是学校提高教学水平和人才培养质量的关键性工作。学校邀请专家来校指导教师备赛带赛,组织教师参观科技展览,为教师提供接触前沿研究成果的机会,为其专业素养的进一步提升和教学能力的全方位强化奠定坚实基础。

同时,学校高度重视兼职教师的引入,并以此为助力全面强化本校技能人才的培养能力,并借助他们所带来的行业最新资讯,对学校教学体系、专业设置、课程标准等进行针对性调整。

6.4.4 深入推进校企务实合作

在备赛过程中,学校邀请企业专业能力强、技术实力雄厚的高水平技术专家来校指导,既是强化专业教师综合职业素养的有效途径,也是快速提高参赛选手技能水平的有效方式,校外专家在指导学生参与技能大赛的过程中往往能够发挥更为理想的作用。

同时,学校与苏州一光、南方测绘等仪器生产、经销企业建立有良好合作关系,企业以其所有的仪器装备、掌握的先进技术,热忱为学校提供备赛参赛服务,从而为学校参加全国职业院校技能大赛提供有力的外部支持。在技能大赛中获奖的学生,对于企业来说是非常理想的人才补充渠道,他们较强的动手能力和解决实际问题的能力,对企业的发展也有着重要的意义。学校主动向企业推荐输送技能大赛获奖人才,回报企业对学校参加技能大赛的大力支持,校企合作进一步走深走实。

6.4.5 强化大赛经费支持保障

经费保障对学校全面开展技能竞赛或者参加技能大赛有着直接的促进作用。学校在有限的预算经费中,拨出设备采购资金,购买大赛规程要求的测量仪器,以满足课程教学、实操训练的需要。同时,在绩效经费中列足教师组织开展第二课堂的课时津贴,让多劳的教师多得,充分体现分配公平。

6.5 参赛成果与体验

职业院校技能大赛不仅是学生展露身手的赛场，也是教师展现教育情怀、育人智慧的平台，更是职业院校互相借鉴、比学赶超的渠道。成都市工业职业技术学校通过参加职业院校技能大赛，开阔了教学眼界，积累了参赛经验，坚定了育人信念。

参赛过程中，工程测量课程理论教学老师与实训指导老师互相配合，依据大赛标准和技术规程，不断优化教学内容、调整教学策略，摸索理实一体、赛训融合之法。成都市工业职业技术学校工程测量队从 2019 年起，连续三年荣获成都市职业院校技能大赛一等奖（第一名），连续三年荣获四川省职业院校技能大赛一等奖，连续两年代表四川省参加全国职业院校技能大赛并荣获三等奖。学校在铁道施工与养护、建筑工程施工两个专业教学工作中，赛训结合、以赛促教、以赛促改，有力助推了学校教学水平和育人质量整体提升，提质培优行动取得明显成效。

"赛训结合，以赛促教"是成都市工业职业技术学校从课程教学实践与备赛组织中摸索得出的实践经验，是可以借鉴运用到其他专业学生技能培养、赛前训练的有效做法。学校教师完全认同职业教育是培育高素质劳动者的类型教育，将通过集体研究、个体探索，不断追求真知，更新知识结构，努力做符合时代要求、担当立德树人使命的"四有"好老师。

7 全国职业院校虚拟仿真测图大赛的实践与研究

由自然资源部人力资源开发中心、全国测绘地理信息职业教育教学指导委员会主办的全国测绘地理信息职业院校大学生虚拟仿真测图大赛已经举办两届，目的在于落实《关于加强新时代高技能人才队伍建设的意见》和全国职教大会精神，推进岗课赛证综合育人，持续发挥技能竞赛在现代职业教育改革实践中的引领作用，更好彰显测绘地理信息学科特色与优势。轨道交通学院组织参赛队伍代表成都工业职业技术学院参加了第二届技能大赛，取得了优异的成绩。本书对虚拟仿真测图大赛技术规则进行了分析研究，总结成都工业职业技术学院备赛工作中的主要问题，提出今后备赛的优化策略。

7.1 研究对象

全国测绘地理信息职业院校大学生虚拟仿真测图大赛参赛队伍多，参赛水平普遍比较高，以 2022 年 11 月举办的第二届技能大赛为例，共有来自全国 27 个省（自治区，直辖市），263 所职业院校，509 支参赛队伍，共 1 018 人参加决赛。要想在竞争激烈的竞赛中取得优异成绩，必须对竞赛的形式、技术规则、流程和评分标准做详细的分析研究，并根据参赛队伍的实际情况采取针对性的训练策略。

7.1.1 竞赛内容及方式

为适应疫情防控各项要求，虚拟仿真测图大赛决赛采用线上、线下相结合的方式，所有参赛选手线上竞赛，评委和相关工作人员线下参加。线上活动采用虚拟仿真外业采集数据与内业数字化成图相结合的方式进行，由组委会统一提供"数字测图竞赛平台2022"软件；线下活动由湖南工程职业技术学院和黄河水利职业技术学院承办，组织评委和裁判的监考和评审。

"数字测图竞赛平台2022"软件包括AutoCAD2017、内业成图软件SouthMap、大赛考生端、虚拟仿真数字测图竞赛软件四个部分。Auto-CAD2017是各软件运行的平台，必须正确安装；SouthMap用于内业数字化成图；大赛考生端用于竞赛过程的监督和成果提交；虚拟仿真数字测图竞赛软件模拟现实三维场景，用于GNSS接收机配合全站仪外业采集数据。四个软件分担不同的功能，又相互依托，缺一不可，运行时必须退出杀毒软件。

7.1.2 竞赛过程

竞赛过程主要是考察虚拟仿真测图过程中有没有违规情况。竞赛过程中，每个参赛小组都由线上竞赛巡视（视频裁判）进行监督，全程录屏录像，对参赛选手采用人脸识别技术，禁止人员更换串题，出现作弊现象，远程监考人员有权处罚扣分，甚至取消比赛；摄像可采用电脑外接或手提电脑内置的方式，选手提前调整好摄像角度，经远程监考裁判确认后，比赛结束前不允许再触碰摄像设备；监控视频中断3次及以上或单次中断时长超过5分钟以上取消比赛资格。此外，为了更贴近生产实际，竞赛要求采用一次性外业数据采集后再进行内业成图的模式，不按此要求进行的，视为违规，取消比赛成绩。由此可见，组委会对竞赛过程要求非常严格，参赛队伍必须严格按照竞赛规则的要求完成竞赛过程，避免被扣分甚至取消资格。

7.1.3 成果质量

（1）点命名规则。

控制点命名：按 K_1、K_2……Kn进行命名，序号不能重复，不符合命名规则的取消比赛资格。

碎部点命名：采用GNSS RTK测量的碎部点点名为G+数字序号，如 G_1、G_2……Gn，序号不能重复；全站仪测量的碎部点点名为Q+数字序号，如 Q_1、Q_2……Qn，序号不能重复，不可断号，不符合命名规则的取消比赛资格。全站仪测点数量不得少于 10 个，否则视为漏测。

（2）成果提交。

竞赛成果文件包括线划图文件（.dwg）、线划图文件（.pdf）、计算机自动评分系统辅助评判文件（.mks），所有的成果文件在竞赛平台的考生端分类上传，竞赛结束时间以收到成果文件时间为准。如遇到数据无法提交的突发状况，可将提交的数据（MKS、DWG、PDF）统一存在一个文件夹下（文件夹名称：某某学校-张三+李四-成果数据），直接压缩后发送至指定邮箱，发送时间将会认定为完赛时间。

（3）成果评定。

成果质量评分为 70 分，以标准图作为评判依据，主要考察参赛队伍提交的数字图是否符合规范及竞赛要求。其中，人工评判 20 分，对图的整体效果、自动评分系统没能关注的图幅、图名、图外标注、比例尺、等高线拟合、填充符号密度、参赛队选手信息等进行评判；计算机自动评分系统50 分，对数据采集规范性、独立地物点位正确性、道路边位置正确性、边长度、区域面积、标注符号正确性、高程点正确性、等高线规范性、符号压盖地物等 10 个方面进行自动评判。

竞赛评分细则参照了《1∶500 1∶1000 1∶2000 外业数字测图技术规程》（GB/T 14912-2005）等国家标准，凡国家标准与竞赛细则不一致的内容，以竞赛细则为准。由此可见，竞赛对成果质量的要求是细致而严格的，如对独立地物的考核，其点位精度误差不应超过 0.15 米，每超限 1处按比例扣分，扣完为止；区域面积检测则在居民地图层选取多个居民地房屋面积为考核点，要求房屋面积误差小于 5%，每超限 1 处按比例扣分，扣完为止，等等。参数队伍必须在平时的训练中吃透这些细则，竞赛时提交的成果应尽量避免丢分和违规，才有可能取得好成绩。

7.1.4　竞赛时间

竞赛时间评分为 30 分，计算机自动统计数字测图工作量，完成度 <50%，时间得分为 0 分；工作量 ≥ 50%，竞赛用时成绩计算方法如下：

$$f_h = -8mm \tag{7-1}$$

式中，$f_{h允} = \pm 20\sqrt{L}$ 为第 i 组竞赛实际用时；$v_{1km} = -\dfrac{f_h}{\sum L} =$ 为竞赛用时成绩

满分；$f_{h允} = \pm 20\sqrt{L}$ 为所有参赛队中用时最少的时间，$20\sqrt{L}$ 为所有参赛队中

用时最多的时间。

竞赛从开始到成果提交成功，连续进行。竞赛中肯定有压线提交的队伍，即最多用时为 240 分钟，假设 A 队用时最少为 120 分钟，B 队用时为 150 分钟，则 A 队时间得分为 30 分，B 队时间得分为 27 分，即竞赛用时相差 30 分钟，得分差 3 分，相当于用时少 10 分钟，成绩提高 1 分，可见，时间分的差距很小。

综上所述，竞赛组委会更希望参赛队伍注重竞赛过程和成果质量的规范性，而不是一味追求速度。参赛选手要想在竞赛中取得好成绩，首先，要熟悉竞赛流程，避免竞赛过程中违规被扣分，甚至取消资格的情况发生；其次，要深研评分细则，提高 RTK 配合全站仪外业采集数据的精度及数字成图的质量，尽量满足评分细则中各项检测的限差要求；最后，还要注意成果图的规范、整洁和完整。当然，优秀的参赛队在保证竞赛过程和成果质量不被扣分的前提下，要想取得更好成绩，时间也是一个重要因素。

7.2 竞赛发展趋势

7.2.1 参赛规模逐步扩大

从本次大赛总决赛的统计来看，与上一届竞赛相比，无论是参与的省（自治区、直辖市），还是参加决赛的职业院校、参赛队伍、参赛人数都有明显增长，说明这项赛事已被各职业院校高度重视，相信下一届竞赛时，参赛的院校及队伍等方面会进一步扩大，竞赛的影响力会进一步增强。

7.2.2 竞赛难度增加

本次大赛所规划的测绘区域较上一届更大，需要测绘的地物、地貌相对更复杂，种类及数量也更多；外业采集数据的特征点更多，内业数字化成图的难度增大，绘图过程中，需要注意的细节更多，对参赛选手综合运用所学专业知识解决实际问题的能力要求更高。

7.3 学校当前备赛工作的主要问题

7.3.1 备赛时间短

成都工业职业技术学院于 2022 年 5 月中旬开始备赛,利用课余时间在铁道工程技术专业 2020 级两个班进行动员及软件试用,初步选拔苗子;6月后,这两个班进行教学实习,训练时断时续,加上竞赛时间长、软件操作较难、集训时间短(原定 9 月初决赛),部分小组放弃训练,最终于 7月初选出 4 个小组,报名参加选拔赛训练;暑假期间教师线上布置任务并进行指导,各小组自行安排练习时间,并按要求参加竞赛平台的校赛,以检验练习效果。受疫情影响,决赛推迟到 11 月 5 日进行,学生于 10 月中旬才返校进行线下授课,因此,决赛前的集训时间仅有半个月,这么短的时间要把 4 次校赛积累的问题逐一解决,并在竞赛过程中不再出现类似的错误,困难比较大。

7.3.2 赛前心理辅导不够

技能竞赛中,参赛选手的心理问题已成为影响竞赛成绩的重要因素。选手在竞赛过程中对成绩的渴求,对自我价值的期望等因素,容易导致心理负担过重等一系列心理问题,表现为焦虑、紧张、冒汗等,以至于忘记操作步骤,导致竞赛成绩不如平时训练成绩。两个参赛小组,在决赛前都进行了心理辅导,但疏导时间短、不充分,其中一个参赛队员在竞赛中背上了想赢怕输的心理负担,出现了漏测、采集点过密等训练中不曾出现的问题,以至于决赛成绩不理想。

7.3.3 竞赛软件缺失

备赛以来,参赛队伍一直使用大赛协办方提供的数字测图平台进行训练,平常练习测图的范围、地物及地貌的种类、复杂程度等都由队员自己设定,缺乏针对性,因此,训练效果不佳。校赛是组委会为各院校提供学习、选拔的模拟竞赛全过程,有明确的规划文件及竞赛要求,可以检验参赛队伍的训练水平,但每次校赛后就没有规划文件进行反复训练。因此,要想大赛取得更好成绩,就必须购买虚拟仿真数字测图的竞赛版,既可以提前备赛，使学生尽早熟悉软件操作及竞赛流程和测图规范，便于充分选拔队员，又可以赛前集训时以每次校赛的规划文件为参照，进行针对性训练和检验，从而提高竞赛成绩。

7.4 备赛策略

7.4.1 抓好参赛队员的选拔

参赛队员的选拔，直接关系竞赛成绩的高低，因此，下次虚拟仿真测图大赛备赛应从基本知识与技能和心理素质两方面综合考核。首先，选拔阶段要做好竞赛的宣传，鼓励学生积极报名，自愿组队，重点选拔测绘知识扎实和仪器操作技能熟练的同学进行集训；其次，初期训练阶段适时进行模拟赛，以检验学生操作的熟练程度和绘图的规范性，特别是适应竞赛的心理承受力和团队协作能力；最后，结合竞赛评分标准，通过组委会提供的校赛，综合考核后选拔出心理素质良好，应变能力强，适合竞赛的学生作为最终参赛队员。

7.4.2 制订科学训练计划

选拔出参赛队员后，指导教师与参赛队员一起分析、研究历届大赛规程。熟悉竞赛流程、软硬件要求、注意事项及评分标准，结合学院实际情况，制订科学的训练计划，并严格执行。训练计划分三个阶段，具体如下：

第一阶段为自主练习，时间为 4—8 月。这一阶段学生正常上课，利用课余时间熟悉竞赛软件的基本操作和评分标准；假期里由指导教师布置训练任务，并进行线上指导，学生及时参加竞赛组委会安排的校赛，以检测训练水平，找出差距，适时调整训练内容和方法。

第二阶段为集中训练，时间为赛前 1 个月。这一阶段是提高竞赛成绩的关键阶段，所有参赛队员在虚拟仿真实训室进行集中训练。指导教师应根据前一阶段校赛中各参赛队表现出的薄弱项或突出问题，以模拟赛的形式进行针对性训练，同时加强陪练力度，对参赛队员在外业采集数据的准确、绘图的规范、点的密度、符号压盖、图的完整等成果质量，以及心理素质训练等方面进行加强巩固，避免违规扣分，从而提高竞赛成绩。

第三阶段为赛前强化，时间为赛前 1 周。这一阶段为全封闭训练，每天以模拟校赛的规划文件和要求进行赛前强化训练，指导老师全程陪练，计时评分，使队员提前适应竞赛流程和氛围。这一阶段训练重在查漏补缺，优化竞赛流程和细节，避免扣分，同时调整好参赛队员的心理状态。

7.4.3　抓好赛前心理训练

心理训练能够提升选手控制和调节自己心理反应的能力，减弱或消除心理障碍，使其保持积极、稳定的心态，从而能快速适应不断变化的训练和比赛条件，为技能的正常或超常发挥提供支持。从本次竞赛及以往各级竞赛的参赛经验来看，选手的心理问题对训练和比赛成绩有着非常重要的影响。因此，在集训和赛前训练阶段均应对选手的心理进行针对性训练，尤其是赛前训练阶段。

具体做法如下：

（1）竞争上岗。

在集训阶段，决赛报名截止前，指导教师不定期发布测图任务，全程陪练，计时评分，并根据统计成绩最后确定正式参赛队员。训练中要求所有队员独立完成虚拟仿真数据采集和数字绘图任务，给队员增加紧张感，让大家在心理上把训练当比赛，从而提前适应竞赛环境，缓解训练和竞赛中的心理压力。

（2）模拟竞赛。

赛前强化阶段，通过校赛的规划文件进行适应性训练，不定期模拟竞赛全流程，让参赛队员提前适应竞赛环境和氛围，以消除或缓解赛前的焦虑、紧张等负面情绪，放下心理负担，从而以最佳心理状态去参加决赛。

7.5　结论

全国职业院校大学生虚拟仿真测图技能大赛的举办，为职业院校师生提供了展示虚拟仿真实践教学成果的舞台，对推动测绘地理信息相关专业的课程与教学改革，以及虚拟仿真实训基地建设，提高师生的职业素养与技能水平有着显著作用。各参赛院校只有在充分理解评分细则的基础上，选拔出心理素质良好的参赛队员，制订科学的训练计划，组建优秀的指导教师团队，并严格落实训练计划，发扬奉献精神，才能在技能大赛中取得优异成绩。

8 全国职业院校教师教学能力大赛的发展趋势及备赛策略探析

全国职业院校技能大赛教学能力比赛（下文简称"大赛"），源自2010 年在辽宁沈阳举办的全国中等职业学校信息化教学大赛，意在融合信息技术，提高课堂教学质量。2018 年，大赛调整为教学能力比赛，强调全面推动教学改革。2019 年，为深入贯彻全国教育大会精神和《国家职业教育改革实施方案》部署，比赛着重强调"落实课程思政""推进职业院校教师、教材、教法改革""适应'互联网+职业教育'发展需求"等要求，促进教师综合素质、专业化水平和创新能力全面提升。2020—2022 年，大赛进一步优化团队结构、内容选取、教学设计等方面的考核指标，为推动职业院校专业、课程、课堂数字化转型和深化"三教"改革推动提供了重要支撑。

8.1 全国职业院校教师教学能力大赛的发展趋势

8.1.1 教学团队的结构性变迁

2019 年以前，大赛参与者以 30 岁以下青年教师为主，41～50 岁年龄段教师比例不足 20%，50 岁以上教师则占比更少。大量青年教师参加比赛的重要原因之一，是比赛考核的价值取向更有利于语言能力强、形象气质佳的年轻老师。2020 年以来，大赛改革了准入方式，对教师教龄、"双师型"教师比例等作了硬性要求，鼓励专兼结合组建参赛团队，意在通过比赛团队的搭建侧面引导学校建立健全梯度型、递阶式的教师培养培训体系，提升教师职业素养和"双师型"能力。

8.1.2　教学内容的应用性变迁

2019 年以前，大赛多以易于信息化呈现的理论教学比赛为主。2020 年以来，大赛转向理论课、理论+实践课、实践课的全覆盖模式，专周实习实训、岗位实习等实践环节教学内容可以独立参赛，并重点引导参赛团队关注课程体系，落实课程思政及劳动教育要求，以结构化团队、活页式教材、"规范+创新+互联+专业"教法等改革创新课堂教学，用产教融合、混合式教学、学生成长、企业资源等创新统领课堂革命，更加强调教学内容对学生成长成才的实用性。

8.1.3　教学组织的实效性变迁

2019 年以前，大赛强调以信息技术与教学融合为主，部分不够实用的信息技术手段过多植入教学环节，形成了一种程序化、机械式的教学比赛模式。2020 年以来，大赛回归到以信息技术促进课堂数字化转型，强调用真实课堂、真实学生参加比赛，意在引导教学内容与工作岗位需求契合、教学组织要注重团队成员分工合作、教学过程要用兼具代入感和交互性的学习沉浸体验设置具象化的学习情境，并鼓励运用云物大智技术（云计算技术、物联网技术、大数据技术、智能化技术）实现即时教学反馈和教学评价。

8.2　影响职业院校教师教学能力大赛备赛的主要因素

8.2.1　宏观层面："三个力度"影响备赛持续性

首先，组织力度影响全局性。教师教学能力大赛是学校教法改革的重要创新源，在理论研究、创新实践、反思改进等方面要系统推进。因此，大赛备赛需要学校主要领导、教务处、二级学院及有关部门联动抓落实，主要领导负责举旗定向，教务处负责推动研究明确靶向，二级学院负责系统部署和攻坚，招标采购中心、信息中心等部门负责保障。其次，激励力度影响参与度。新加入团队参加比赛的愿意和已有团队持续参赛的意愿，是学校持续推进大赛并取得好成绩的重要保障。因此，激励制度的设计需要从"营造全面参赛氛围"和"鼓励取得优异成绩"两方面综合考虑。其中，"营造全面参与氛围"需要建立有激励作用的教法改革培育行动；"鼓励取得优异成绩"需要建立专项奖励制度。最后，保障力度影响攻坚力。加强对种子参赛团队的支持是取得优异成绩的关键，进入省赛决赛及以上阶段的比赛，归根结底是"领导推动、团队主体、专家指导、其他人员辅助"的团战作战。其中，领导推动表现为领导要从组织、关键时间节点把控、关键材料和环节把关等方面增强领导力；团队主体体现在推演和优化教学实施报告、教案、人才培养方案、课程标准等材料及在无声授课、现场答辩的准备上，其他人无法代替团队开展工作；专家指导体现在提高教学设计创新性、实战性，增强现场决赛应变能力上；其他人员辅助体现在资源建设、后勤保障上。

8.2.2 中观层面："五个要素"影响备赛针对性

首先，团队结构和能力是先决因素。教师教学能力大赛是长周期、高强度、大工作量的比赛，特别需要参赛教师讲情怀、懂合作、善思考、促影响。因此，团队成员既需要掌握研究职教理论，又要有掌握新技术、新工艺、新规范的专家型教师，还要注重年龄结构、职称结构。其次，数字化教学资源是重要支撑。数字化教学资源包括课程资源、教材资源、高端实验实训室资源等。其中，课程资源包括国家级、省级、校级精品在线开放课程，课程思政示范课程；教材资源包括国家及省级规划教材、校本教材、活页式手册、工作手册式教材等；高端实验实训室资源包括优质实验实训室、录播教室、智慧教室等。再次，参赛课程及内容是关键因素。参赛课程和内容既要体现"两性一度"，即高阶性、创新性和挑战度，同时又要有吸引力和易于呈现。此外，加强备赛过程管理是重要保障。教师教学能力大赛持续时间长、要求高、任务重，在政策解读、培训指导、资料审查、答辩演练等各环节建立系统化、有针对性的过程管理体系是取得优异成绩的根本保障。最后，加强信息化教学是增值空间。信息化学情分析、线上线下混合式教学、即时性教学评价和反馈，以及基于虚拟现实技术的场景代入等，是促进信息技术与教学融合的重点领域，也是取得优异成绩的增值空间。

8.2.3 微观层面："五个环节"影响作品竞争力

首先，理论研究需透彻。每个参赛团队至少有一人来研究各类文件和教育教学理论，弄懂教学方法、教学模式、人才培养模式、课程思政、岗课赛证、增值评价等概念及实践方法，这是优化教学设计和应对现场答辩的重要理论支撑。其次，资料准备需精细。文档类资料要规范、美观、精练，有吸引力，阅读性强；参赛视频源于真实教学但高于真实教学，要有吸引力、展示度、场景观。再次，教学设计需精心策划。除了要深刻领会比赛规程要求，文本资料体例架构要符合比赛要求，人才培养方案与课程标准在目标传递、用于描述上要衔接和匹配，教学实施报告、教案的基本要素要响应比赛文件要求，还需在每个教案中的有学生教学录像视频点、现场决赛无学生教学展示点进行一体化设计。此外，无学生课堂要强调代入感。无学生授课需要展示参赛内容最精彩部分，其要求跟参赛视频类似，源于真实教学但高于真实教学，强调预先设计、反复演练、场景迭代和以学生为中心。最后，答辩环节需增强系统性。参赛团队要注重问题准备系统性、支撑材料准备系统性，做好赛前演练的系统性。

8.3 职业院校教师教学能力大赛备赛的推进策略

8.3.1 加强组织领导，营造"全面参与、重点培育"备赛环境

首先，要厘清指导思想。大赛获奖是重要目标但不是终极目标，推动以赛促教、以赛促学、以赛促建、以赛促改，达到提升学校育人水平和人才培养质量才是根本目的。因此，应秉持"全面参与、重点培育"思路，在学校层面实施"金专、金课、金师"培育行动计划，引导广大教师全面参与专业建设与人才培养改革，全面提升教师教学能力，扩大参赛团队规模基本面；针对重点团队，要加强中长期培育。其次，要加强组织领导。成立学校主要领导牵头、分管领导亲自督战，以及教学、师资、保障等相关部门协同的领导小组，教务处、教学单位协同的项目管理组，国家级、省级和校级专家协同的指导专家组，分别负责大赛组织、团队管理和作品指导工作。再次，要健全激励制度。学校层面要建立面向职能部门及教学单位的"目标考核"制度及二级管理改革激励制度，将教师教学能力大赛组织、获奖等情况作为重要考核指标，增强组织及协同部门的主动性和实效性。同步建立面向教师团队及个人的"专项奖励、职称评审、评优评先、岗位竞聘"等配套制度，激发参赛教师的内生动力。最后，要做好各

方保障。主要包括经费保障、硬件条件保障（优质录播室、智慧教室、特色实训室等）、后勤保障（住宿、用餐、用水、用车等）、信息化保障（职教云、超星等在线教学云平台、网络保障等）。

8.3.2　加强过程管理，实施"流程化、标准化、人本化"管控

首先，要加强流程化建设。一要梳理组织的基本环节。为做好每年的备赛进度管理，可采用"通知→组队→校级第一轮比赛→校级第二轮比赛→校级第三轮比赛→省赛集训→省赛→国赛集训→国赛→总结"的顺序来规划全年的大赛组织环节。其中，比赛通知应在上一轮国赛后及时发布；校级第三轮比赛应确保在3月份完成，重在确定参赛团队；省赛集训安排在4~6月，重在推动专家指导、作品研磨、省赛演练。二要梳理各环节的基本流程，比如，通知环节应有"起草文件→召开说明会→组织培训"等，组队环节应有"教师申报→教学单位初审→专家评估"等。其次，要加强标准化建设。针对组队、校级三轮比赛、省赛集训等重点环节的关键流程，要配套建立相应的标准，以便做好质量控制。比如，通知环节中"起草文件"应收集发布往届参赛作品、本届比赛各类文档建议模板等，组队环节应发布教师教龄、团队结构、团队素质要求等，校级三轮比赛中要落实过程管理、进度控制标准，省赛集训要落实省赛作品资料合规性审查及质量控制标准、模拟答辩演练标准。最后，要加强人本化建设。一是要优选教师团队。教师是教学比赛的主体，优秀的教师团队是获大奖的前提条件，必须通过遴选、培育、传承来实现。优秀教师的基本条件除了要有主人翁意识、有团队合作精神，扎根于课堂且善于总结与反思，在业界具有一定影响力；还要具有较高的信息素养、专业技能，以及良好的形象气质和语言表达能力。教师团队结构应男女搭配、职称高中（低）搭配、中青年搭配，有来自企业生产一线的"双师型"教师，最好能有不少于1名教师往年参加过比赛，以更好地发挥传承和创新作用。二是要加强备赛过程的人性化管理。比如，如何处理集训与教学在时间上的矛盾，需要学校有政策支持；在对团队的指导上，要建立专家组帮助团队创新策源，成立支持团帮助团队减少基础性工作负担。

8.3.3　加强作品研磨，打造"创新性、高阶性、挑战度"作品

首先，要选好比赛课程。选好比赛课程是取得大赛优异成绩的关键之

一，概括起来需要满足两个条件：一是课程和内容适合参赛。课程要有特色，吸引力强，比赛内容易于呈现且呈现效果好。由于每所学校在省赛及国赛中能获得的参赛推荐指标有限，参赛课程的优先级值得甄选，能用专业课程参赛的尽量不推荐公共基础课程，因为公共基础课每个省推荐指标只有2~3个，竞争异常激烈且课程本身不易创新和做出特色；能用专业核心课程参赛的尽量不用专业基础课参赛，能用理实一体化课程参赛的尽量不用纯理论的课程参赛。二是课程有优质教学资源支撑。推荐课程参赛前应全面梳理参赛课程是否有优质数字化教学资源、优质教材资源和实践教学资源。其中，教学资源包括专业教学资源库、在线开放课程、案例库、线上虚拟仿真资源等；教材资源特指教学团队成员是否主编有国家级或省级职业教育规划教材，以及活页式教材、工作手册式教材或其他校本教材，所有教材均应满足《职业院校教材管理办法》相关要求；实践教学资源包括用于理论展演的智慧教室，用于实验实训的专用实训室，以及其他用于视频拍摄的特色录播教室等。

其次，要优化顶层设计。整体教学设计上，内容选取要尽量融入岗课赛证要求，融入新技术、新工艺、新规范和企业典型生产案例，构建以真实项目为载体的教学情境；学情分析要点面结合，既要有面上的基于学情分析工具得到的统计数据和比较分析，便于为优化整体教学计划提供决策，又要有包括学习诉求、学习习惯、基础知识、基本技能等在内的学生个性化学习情况展示，具体包括调研数据和成因分析；教学目标要从知识、能力、素养达成度上，提出课程的教学目标；教学策略则要从课程整体上、学生个体上，厘清教学目标的实现路径和关键注意事项。教学实施过程中，要重点关注教学组织、教学环境、课程思政、综合评价等四个核心要素。其中，教学组织要突出以学生为中心，充分运用积极心理学等方式激发学生对课程的认可度和参与度；教学环境要突出校企双主体双场景育人，注重在实岗实境中让学生实学实练，突出实操性；课程思政要注重创新形式，融入家国情怀，引导学生培养健全人格；综合评价要突出多元、增值评价。

最后，要注重细节管理。一要认真研读文件，每个团队至少有1人来研究各类职教改革文件、教育教学理论。二是要规范优化文档，统一字体、字号、行间距、目录、页码，强调文本的视觉冲击力和可阅读性。三是强调以学生为中心，突出师生互动、生生互动。四是要深刻领会比赛规程要求，文本资料体例架构要符合比赛要求。五是必须选好连续的 12 或 16 学时的比赛内容，切忌机械地选取 12 或 16 学时比赛，破坏比赛内容的连贯性、逻辑性和相对独立性；12 或 16 学时应是课程最精彩、适合呈现的部分；每个教案中有生教学录像视频点（8~10 分钟）、现场决赛有生教学展示点（6~8 分钟）要在教案中体现，且两个点尽量不重复；一段课堂 45 分钟课堂实录与三段授课片段尽量在不同的场景录制，尤其是 45 分钟课堂实录，要将最优秀的老师、最优质的教学资源展示得淋漓尽致。六是可以参考、学习、模仿往届已有获奖作品成果，但更重要的是切忌抄袭，进而有所改进与创新。七是答辩环节需要精心准备，要积极建立"课程—教材—团队—实训室—课题—案例"的一体化培育体系，让参赛所需资源有机统一。

　　教师教学能力大赛不仅是教师教学能力的实战检测，也是教师所在学校历史积淀、治理能力、教师综合素质和综合保障能力的综合测验。宏观层面的组织力度、激励力度、保障力度，中观层面的团队结构和能力、数字化教学资源、参赛课程及内容、备赛过程管理、信息化教学水平，以及微观层面的理论研究、参赛资料、教学设计、无生课堂、答辩都是影响比赛结果的重要因素。职业院校要做好教师教学能力大赛的备赛工作，通过全面参与提高参赛团队选拔范围并促进以赛促教，重点培育提高大赛获奖竞争力，流程化梳理提高大赛组织效率，标准化建设提高打造备赛的质量，人本化管理提高参赛团队备赛的幸福感和获得感，优选课程、优化设计、精雕细琢，打造具有创新性、高阶性、挑战度的作品，进而综合提高参赛获奖竞争力。

9 高职院校技能大赛奖励制度设计的价值导向及策略分析

2008 年，教育部联合 31 个部门举办首届"全国高职院校技能大赛"，将职业技能大赛作为支持职业教育发展的一项制度设计。2019 年，国务院出台《国家职业教育改革实施方案》，提出"制定中国技能大赛、全国高职院校技能大赛、世界技能大赛获奖选手等免试入学政策"。2022 年，中共中央办公厅 国务院办公厅印发《关于深化现代职业教育体系建设改革的意见》，提出"持续办好世界职业技术教育发展大会和世界高职院校技能大赛，推动成立世界职业技术教育发展联盟"。可见，深入开展职业技能大赛，已成为国家落实立德树人根本任务和推动高职院校高质量发展的重要抓手。围绕"以赛促教、以赛促学、以赛促改、以赛促建"核心目标，各高职院校从加大师生竞赛奖励力度、健全教师评优评先与职称晋升等方面建立了系列激励措施，为师生争取优秀成绩和推动竞赛的持续健康发展，以及增强学校的社会影响力和知名度提供了重要支撑。通过对 30 所国家"双高计划"建设单位的竞赛奖励办法进行比较研究，本书发现高职院校竞赛奖励制度设计，在需要重点参与的赛项价值导向不够明确、降低成本和提高效能的系统设计不足、激励突破与兼顾公平的统筹思考不足等方面存在可优化之处。

9.1 竞赛激励制度助力遴选高质量竞赛的适应性不足

近几年，随着"岗课赛证"综合育人的深入推进，出现了多种类型多种级别的技能大赛。从归口部门来看，主要有五大类比赛，一是由教育部牵头的"全国高职院校技能大赛"和"中国国际'互联网+'大学生创新创业大赛"及其下级赛事;二是由人力资源社会保障部牵头的"世界技能大赛"和"中华人民共和国职业技能大赛"及其下级赛事;三是由共青团中央牵头的"'挑战杯'全国大学生课外学术科技作品竞赛和中国大学生创业计划竞赛"及其下级赛事;四是由其他政府部门牵头的各级各类技能大赛;五是由行业企业举办的各级各类技能大赛。从级别来看,有国际级、国家级、省级、市级及其他级别等。对于高职院校而言,在众多赛事中遴选合适的赛事参赛是重要任务。通过对 30 所国家"双高计划"建设单位的竞赛参赛审核情况进行分析,发现高职院校一般采取两种途径进行参赛与否的审核:一是行政管理部门下发参赛通知,一般按照"大赛主管行政部门通知→教师申报→二级学院审核→大赛主管行政部门审批"流程决定是否参赛;二是经办部门通过自身渠道获取参赛通知,一般按照"教师申报→二级学院审核→大赛主管行政部门审批"流程决定是否参赛。审核流程本身是可行的,但如何在各类赛事中择优选择适合学校特定需求的赛事,单靠行政审批手段无法适应大赛赛项快速更新迭代的现实需要,必须要落实在大赛奖励制度的"自适应"设计上。针对上述需求,本书对本次采样的 30 所国家"双高计划"建设单位的师生技能竞赛奖励制度进行深入分析,发现其在"自适应"上存在三个明显不足。

9.1.1 需重点参与赛事的价值导向不够明确

除了常规意义上的"五大赛",高职院校能获得更多参赛机会的赛事是行业企业自主举办或依托人社部门举办的各级各类技能大赛。"五大赛"代表主流价值导向,对提升学校影响力具有重要意义,但其参赛的机会少。其他赛事对提高参赛覆盖面甚至对于教师的荣誉激励有更大帮助,但对于提升学校影响力的作用相对较低。现行的竞赛奖励制度在奖励标准上均缺少对"五大赛"和对其他赛事的精准区分。

9.1.2 降低成本和提高效能的系统设计不足

现行的竞赛奖励制度均采用分级分类方式奖励,一般分为国际级、国家级、省级、市级、校级五个级别,以及政府主管部门主办比赛、行业组织主办比赛两个类别,高职院校一般在"五级两类"的十个耦合点上制定不同的奖励标准。具体实施中一般会遇到两个突出问题:一是由于分级分类标准的适应性不足,在核定部分大赛奖励标准时容易出现争议;二是由于重点参与赛事的价值导向不够明确，容易出现大量奖励的是对学校高质量发展没有重要支撑作用的大赛。

9.1.3 激励突破与兼顾公平的统筹思考不足

现行的奖励制度对于同一赛项多个参赛队获奖及同一赛项获得多级别奖的情况，均采用"不重复计奖"及"从高计奖"原则核算奖励。这样处理的优点是降低了奖励成本，但在"激励突破"和"兼顾公平"有不足，主要表现为：一是缺少对学校急需突破的赛项首次获奖的激励，不利于引导师生创先争优；二是没有考虑教师指导多个参赛队及开展多级别竞赛备赛的实际工作量，不利于兼顾公平。

9.2　竞赛激励制度应促进赛前、赛中、赛后的递进激励

9.2.1 理论基础：从直接激励到价值认同

与制度设计相关的理论通常有激励理论、竞争理论、公平理论和社会认同理论四种。激励理论认为人们在行动前会先考虑行动的后果，如果行动的后果是积极的，那么人们就会更积极地行动；竞争理论认为竞争是人类社会发展的重要动力，竞争可以激发人的潜能，促进人的进步；公平理论认为人们在行动前会考虑行动的公平性，如果行动的结果是公平的，那么人们就会更愿意行动；社会认同理论认为人们在行动前会考虑行动的社会认同性，如果行动能够得到社会的认同，那么人们就会更愿意行动。因此，高职院校在设计技能竞赛奖励制度时，应采用上述理论，尽可能建立一套"激励师生积极广泛参与技能竞赛，积极提升师生参与竞赛的竞争力，从而助力取得优异竞赛成绩"的激励制度。

9.2.2 实践经验：从体系支撑到文化强基

通过对本次采样的30所国家"双高计划"建设单位在"五大赛"上的获奖历程进行研究发现，取得过国家一等奖的参赛项目有三个共性：一是建立了涵盖"国—省—市—校"各个级别的竞赛支撑体系，保证有成梯度、有规模的常态备赛选手；二是建立了涵盖学校、二级学院、指导教师、学生四个层面的完整备赛资源和信息交流圈，保证能及时获取到大赛

相关咨询，并能根据需要组织拉练赛，从而最大限度地提升参赛选手应赛的核心竞争力；三是建立的竞赛奖励制度的获奖师生给予了较好的绩效奖励和价值认同，形成了学校竞赛的质量文化，从而能较好地调动师生参与大赛的持续力。

9.2.3 逻辑机理：三层迭代激励良性循环

30 所国家"双高计划"建设单位的竞赛激励制度充分说明，科学合理的竞赛激励制度，不仅需要体系支撑和直接激励，还要有利于促进广大师生对竞赛本身和学校竞赛预期目标的价值认同，并最终形成推动学校高质量发展的竞赛文化。为了厘清竞赛激励制度设计的逻辑机理，本书选取学校、指导教师、参赛学生三个对象，从赛前、赛中（含备赛）、赛后三个阶段，对 30 所国家"双高计划"建设单位进行问卷调研，从反馈的 1 300余份问卷中，在 9 个维度提取认同率在 80%以上观点，得出表 9-1。由表9-1 可知，竞赛激励制度的基本逻辑是"营造积极参赛氛围→激发参赛获奖潜能→获得获奖业绩认同和形成以赛促教格局"的良性循环。其中，激励范围应涵盖个体到整体，助力于营造积极参赛氛围；激励手段应注重全局性到针对性，激发参赛获奖潜能；激励方式应涵盖物质到精神，助力提升参赛积极性和学校以赛促教格局建设。

表 9-1　竞赛激励制度对不同主体在不同阶段的激励导向作用

阶段	学校	指导教师	参赛学生
赛前	营造以赛促教氛围，引导广大师生参与竞赛，助力获取优异成绩	营造比赛氛围，引导优秀教师竞争性参与竞赛指导	营造参赛氛围，鼓励更多优秀学生竞争性参与备赛
赛中（含备赛）	推动以赛促教制度化，引导竞赛指导教师和参赛学生提升竞争力	持续提升教师指导动力，帮助学生提升参与竞赛的核心竞争力	持续激发学生备赛动能，助力提升自身参与竞赛的核心竞争力
赛后	形成对标竞进文化，推动以赛改教、以赛优教，提高人才培养质量	获得对应的奖励和价值认同，促进竞赛成果的教学转化	获得对应的奖励和价值认同，以先进典型带动学风建设

9.3 价值导向与奖励策略

9.3.1 价值导向：以高贡献力大赛服务学校高质量发展

着眼于破解高职院校在参赛项目遴选上的现实困境，需要多视角对各类可参与的竞赛项目进行科学评价。本书通过对 30 所国家"双高计划"建设单位 2019 年以来参与的竞赛项目进行调研分析，认为衡量某项竞赛质量的关键在于是否有利于深化岗课赛证综合育人，是否有利于促进学校高质量发展。因此，参赛项目遴选的价值导向应抓住两个关键点：一是对学生培养的贡献力，要将落实立德树人根本任务作为最终目标；二是推动学校高质量发展，要将提高学校社会影响力作为重要目标。为此，本书在调研基础上建立表 9-2 所示竞赛项目遴选评价指标。其中，"影响力"指标的价值导向是推动学校高质量发展，主要考察竞赛主办单位影响力、学校参与度和社会关注度；"贡献力"指标的价值导向是落实立德树人根本任务，主要考察竞赛在培养学生学习分析能力、评判创造能力和综合实践能力上的价值。

表 9-2　高职院校竞赛项目遴选评价指标

一级指标	二级指标	三级指标	价值导向
影响力（A_1）	主办单位影响力（B_{11}）	主办单位主体（C_{111}）	推动学校高质量发展
	学校参与度（B_{12}）	国家级或省级"双高计划"高职院校参赛比例（C_{121}），其他高职院校参赛比例（C_{122}）	
	社会关注度（B_{13}）	智联招聘等招聘网站词条数据（C_{131}），中国知网等学术网站相关研究的数量（C_{132}）	

表9-2(续)

一级指标	二级指标	三级指标	价值导向
贡献力（A_2）	学习分析能力（B_{21}）	获取知识能力（C_{211}），认识问题能力（C_{212}）	落实立德树人根本任务
	评判创造能力（B_{22}）	发现问题能力（C_{221}），创新思维能力（C_{222}）	
	综合实践能力（B_{23}）	解决问题能力（C_{231}），团队协作能力（C_{232}），沟通协调能力（C_{233}）	

为了对高职院校大量参加的中华人民共和国职业技能大赛、高职院校技能大赛等8项重大赛项进行量化评价，本书就考核指标的相对重要性构造两两比较矩阵，运用层次分析法确定12项三级指标的权重为：

$$\omega = [\omega_1,\ \omega_2,\ \omega_3,\ \cdots,\ \omega_{12}] \tag{9-1}$$

然后，以高、较高、中和低四个等级对8项学科竞赛的 C_{211}-C_{233} 等7个抽象的三级指标进行分级评判，并采用式9-2所示偏大型柯西分布隶属度函数对四个等级进行量化。

$$f(x) = \begin{cases} 100\left[1 + 1.108\,6(x - 0.894\,2)^{-2}\right]^{-1}, & 1 \le x \le 3 \\ 100(0.391\,5 lnx + 0.369\,9), & 3 < x \le 5 \end{cases} \tag{9-2}$$

接下来，结合 C_{111}-C_{132} 等5项可量化指标进行综合分析，得到式9-3所示的8项竞赛对应的12项三级指标的评分矩阵。

$$S = \begin{bmatrix} S_{11} & S_{12} & S_{112} \\ \cdots & \cdots & \cdots \\ S_{81} & S_{82} & S_{812} \end{bmatrix} \tag{9-3}$$

设定用百分制量化评分各赛项的贡献力，并设定所有赛项的贡献力均映射在［75，100］之间，利用式9-4（各竞赛的综合得分向量）将前述8类赛项的12项三级指标分值与各项指标的权重值做内积，得到表9-3所示8项竞赛量化评分得分。得分越高，表明竞赛对高职院校落实立德树人根本任务及推动学校高质量发展的贡献力越大。依次类推，可以对高职院校可参加的各类竞赛进行量化评分。式9-4中，S_{ij} 表示第 i 项竞赛对应第 j 项三级指标的分值。

$$a_i = \left[\frac{\sum\limits_{j=1}^{12} \omega_j S_{ij} - \min\limits_{i \in [1,\,8]} \left(\sum\limits_{j=1}^{12} \omega_j S_{ij} \right)}{\max\limits_{i \in [1,\,8]} \left(\sum\limits_{j=1}^{12} \omega_j S_{ij} \right) - \min\limits_{i \in [1,\,8]} \left(\sum\limits_{j=1}^{12} \omega_j S_{ij} \right)} \times 0.25 + 0.75 \right] \times 100$$

$$(9\text{-}4)$$

表 9-3　高职院校 8 项主流竞赛量化评价得分

序号	竞赛项目	得分/分	序号	竞赛项目	得分/分
1	世界技能大赛	100	5	"挑战杯"全国大学生课外学术科技作品竞赛	93.3
2	中华人民共和国职业技能大赛	96.2	6	"挑战杯"中国大学生创业计划大赛	93.4
3	全国职业院校技能大赛	95.6	7	全国大学生运动会	90.6
4	中国国际"互联网+"大学生创新创业大赛	97.6	8	全国大学生数学建模大赛	90.2

9.3.2　奖励策略：根据贡献力进行分类分级奖励

（1）建立分类分级模型。

根据前述分析，不同竞赛的量化评价得分不同，反映出竞赛的贡献力也不同。进一步推论可知，学生参加各类竞赛获得相同级别奖励的含金量也不同。用公平理论进行衡量，需要对不同竞赛不同等级的奖励进行量化评分和奖励。为了便于进一步量化评价，可以把各类的获奖等级分为国家一二三等奖和省级一二三等奖六个等级，并构建不同等级奖项在表征竞赛质量的权重向量。

$$v = [v_1,\ v_2,\ v_3,\ \cdots,\ v_6] \qquad (9\text{-}5)$$

然后，根据表 9-3 所示分值构建 8 项竞赛的综合评价得分向量 A。

$$A = [A_1,\ A_2,\ A_3,\ \cdots,\ A_8] \qquad (9\text{-}6)$$

接下来，根据式 9-5 所示权重向量和式 9-6 所示综合评价得分向量，可按式 9-7 所示计算出不同竞赛不同等级奖项的最终评分。式 9-7 中，v_i a_j 表示第 j 类竞赛对应第 i 项等级奖项的分值。

$$K = v^T A = \begin{bmatrix} v_1 a_1 & v_1 a_2 & v_1 a_8 \\ \cdots & \cdots & \cdots \\ v_6 a_1 & v_6 a_2 & v_6 a_8 \end{bmatrix} \qquad (9\text{-}7)$$

为了对各类竞赛贡献力进行分类分级聚向处理，先设定式9-7所示矩阵 K 中的最大值和最小值分别为 K_{max} 和 K_{min}，对 K 按式9-8进行变换，从而将不同类别不同级别的竞赛量化得分值映射在 [75，100]。

$$K_{ij}^* = (\frac{K_{ij} - K_{min}}{K_{max} - K_{min}} \times 0.25 + 0.75) \times 100 \qquad (9-8)$$

经变换后得到的竞赛分类分级量化得分矩阵如式9-9所示。

$$K^* = v^T A = \begin{bmatrix} k_{11}^* & k_{12}^* & k_{18}^* \\ \cdots & \cdots & \cdots \\ k_{61}^* & k_{62}^* & k_{68}^* \end{bmatrix} \qquad (9-9)$$

根据式9-9可计算出前述8项竞赛不同级别奖励的得分，详见表9-4。依次类推，可以对高职院校可参加的各类竞赛分级分类进行量化评分。

表 9-4　高职院校 8 项主流竞赛不同获奖等级量化评价得分

序号	竞赛项目	不同等级的得分/分					
		国一	国二	国三	省一	省二	省三
1	世界技能大赛	100	92.7	88.9	—	—	—
2	中华人民共和国职业技能大赛	96.2	89.2	84.2	80.1	78.4	77.8
3	全国职业院校技能大赛	95.6	88.7	83.9	79.8	78.1	77.6
4	中国国际"互联网+"大学生创新创业大赛	97.6	89.8	84.6	80.6	79.1	78.7
5	"挑战杯"全国大学生课外学术科技作品竞赛	93.3	86.2	81.3	78.7	77.4	76.6
6	"挑战杯"中国大学生创业计划大赛	93.4	86.1	81.4	78.7	77.4	76.5
7	全国大学生运动会	90.6	83.5	80.2	76.2	75.8	75.2
8	全国大学生数学建模大赛	90.2	83.1	80.1	76.1	75.6	75.1

为了便于进行分级奖励和学分认定，可在得分 [75，100] 之间以 5 分为间隔进行归类，划分为 A（95，100]、B（90，95]、C（85，90]、D（80，85]、E [75，80] 五档进行奖励，详见表9-5。依次类推，可推导出其他竞赛的奖励等级。

表9-5　高职院校8项主流竞赛不同获奖等级对应的奖励等级

序号	竞赛项目	不同获奖级别对应的奖励等级					
		国一	国二	国三	省一	省二	省三
1	世界技能大赛	A	B	C	—		
2	中华人民共和国职业技能大赛	A	C	D	D	E	E
3	全国职业院校技能大赛	A	C	D	E	E	E
4	中国国际"互联网+"大学生创新创业大赛	A	C	D	D	E	E
5	"挑战杯"全国大学生课外学术科技作品竞赛	B	C	D	E	E	E
6	"挑战杯"中国大学生创业计划大赛	B	C	D	E	E	E
7	全国大学生运动会	B	D	D	E	E	E
8	全国大学生数学建模大赛	B	D	D	E	E	E

（2）兼顾业绩和激励突破。

前述分级分类奖励模型有效解决了高职院校参赛项目遴选的价值导向问题，但在面对"低成本和提高效能的系统设计不足""激励突破与兼顾公平的统筹思考不足"等两个现实困境时，仍有其相对不足性。为此，可结合学校的现实需求，从"尊重业绩"和"激励突破"两方面再进行完善奖励制度。从尊重业绩角度考虑，针对教师指导学生参赛在同一次（项）竞赛中获多个奖项的，或者同一次（项）竞赛既有团体奖又有个人奖，竞赛奖励制度设计中应兼顾加大激励和降本增效两方面诉求。从加大激励角度考虑，应尽量考虑针对每一个获奖进行奖励；但从降本增效角度考虑，"从高计奖"也不失为好的选择。针对这一类情况，可针对性采用加权系数计算奖励金额的办法，如用一个最高奖为基本奖，其他奖项为辅助奖，并按"总奖励=基本奖奖励标准+$\sum$（辅助奖奖励标准×系数)，但最高限额为基本奖奖金标准的 X 倍"的方法计奖，从而实现尊重业绩和降本增效的目的。从激励突破角度考虑，竞赛奖励制度设计可借鉴经济和信息化有关部门关于促进制造强国中实施的"首台套"奖励政策，聚焦学校战略部署有重要影响的奖项，对于首次获奖项目采取重点奖励，如教师教学能力大赛、高职院校技能大赛、"互联网+"大学生创新创业大赛等领域赛事中取得学校历史性突破（即首次取得的最高奖）的竞赛获奖，按对应标准的 X 倍奖励。

9.4 结论

贯彻落实习近平总书记关于"坚持中国特色社会主义教育发展道路，培养德智体美劳全面发展的社会主义建设者和接班人"，深化岗课赛证综合育人是重要手段，建立各级各类竞赛支撑体系是重要内容，健全竞赛奖励制度是关键要素。适应竞赛办赛主体多元化、办赛层次多样化的新环境，在选择参加哪种竞赛方面必须以落实立德树人根本任务和推动学校高质量发展为目的，遴选贡献度大的竞赛参赛，在制定奖励制度时必须根据大赛的贡献度进行分类分级奖励，才能更好地营造"以赛促教、以赛优教"的发展格局。

10 轨道交通实训基地综合应用开发研究

10.1 研究现状

轨道交通实训基地是轨道交通类员工技能培训的主要场所，肩负着高技能人才培养、企业员工技能培训、铁路行业职业技能鉴定、技术研发与推广、保障铁路安全等重要作用。随着我国高速铁路、重载铁路、城市轨道交通的迅猛发展，人工智能、物联网、大数据等技术的应用与产品更新换代，轨道交通建设、运营、维护企业需要大量的高水平技能型人才。但是我国铁路类职业院校各类实训基地存在种类不全、功能单一、技术落后、岗位意识不足、安全教育不够重视等问题，难以满足轨道交通企业的用人需求。

10.1.1 国家重视职业教育发展

近年来，职业教育得到国家高度重视，出台了一系列相关政策文件。2019 年 1 月 24 日印发的《职业教育改革实施方案》指出，职业教育与普通教育是两种不同教育类型，具有同等重要地位。2020 年 9 月 16 日，教育部等九部门印发的《职业教育提质培优行动计划（2020—2023 年）》指出，坚持职业教育与普通教育不同类型、同等重要的战略定位，职业学校办学定位清晰，专业设置和人才供给结构不断优化，每年向社会输送数以千万计的高质量技术技能人才。2021 年 10 月 13 日印发的《关于推动现代职业教育高质量发展的意见》指出，到 2025 年，职业教育类型特色更加鲜明，现代职业教育体系基本建成，技能型社会建设全面推进。2022 年

4月20日全国人大常委会第三十四次会议表决通过新修订的《中华人民共和国职业教育法》，再次明确并强调了职业教育是与普通教育具有同等重要地位的教育类型，是国民教育体系和人力资源开发的重要组成部分，是培养多样化人才、传技能、促进就业创业的重要途径。

10.1.2　轨道交通发展人才需求现状

近年来，我国铁路、城市轨道交通发展迅猛，轨道交通企业对于高水平技能人才需求量不断增大。截至 2021 年年底，中国铁路营运总里程突破15 万千米，其中高铁运营里程突破 4 万千米，居世界第一。近年来，随着云计算、物联网、移动互联网、大数据、人工智能等新一代信息技术的逐渐发展，不断推动轨道交通产业向智能化、数字化、网络化迈进，具备智能检测、智能养护维修等能力的轨道交通高素质技术技能人才缺口不断加大。据四川省铁道学会等相关协会预测，未来 10~20 年，仅我国西南区域轨道交通运营维护岗位高素质技术技能人才需求就将达到 10 000 余人/年。

10.1.3　国外高职院校实训基地建设现状

西方国家高等职业教育体系完善，制定政策和法规并增资拨款来保证高等职业技术教育的实施和发展，培养过程中特别强调学生实践能力的培养。其中比较有代表性的国家包括德国、澳大利亚等。

德国职业教育采用"双元制"培养模式，即一种企业与非全日制职业学校合作进行职业教育的模式。"双元制"下的实训基地搬到企业生产线，有效缓解了院校资金压力，同时使得学生在真实环境下工作。通常，"双元制"下的实践与理论课时比为 7∶3 或 2∶8。目前，我国高职院校，尤其是轨道交通类高职院校限于企业安全管理、高校对于学生安全的负责制、校企距离过远等多种因素，难以照搬德国"双元制"教学模式。

澳大利亚最著名的职业教育模式是"悉尼协议"，从培养目标、学生发展、毕业要求、课程体系、教师队伍、支持条件、持续改进七个方面提出了高职院校培养标准。澳大利亚职业院校注重实践教育，在校内实训基地投巨资建设实验室、实习工场，配备先进的仪器设备，并不断淘汰更新，以满足教学需要。目前，我国高职院校还不能做到澳大利亚这种培养模式，只能尽量培养符合"悉尼协议"的学生。因为，我国职业院校难以及时把企业最新设备引入学校课堂教学，仅配备最基本的设施设备，学生难以接触最先进的设施设备，且学校无法及时更新设备。

10.1.4 国内高职院校实现基地建设现状

我国轨道交通实训基地分为铁路实训基地与轨道交通实训基地两种，2010年之前大部分轨道交通类职业院校附属铁路局，实训基地面向铁路工作岗位设置；2010年之后城市轨道交通发展迅猛，轨道交通类职业院校逐渐脱离铁路局管辖，实训基地建设偏向城市轨道交通类。铁路类实训基地由于建设年代较早，实训基地规划、建设中并未过多考虑实训基地技能竞赛、科学研究、社会服务等内容，尤其是未考虑虚拟仿真实训基地建设内容，更多地侧重于铁路岗位技能实训。轨道交通实训基地建设，尤其是近几年建设的实训室、实训基地考虑了虚拟仿真实训部分内容的建设，但是轨道交通虚拟仿真实训室建设均处于摸索建设阶段，同时轨道交通类实训基地无法开展铁路局所需人才的技能培训。

10.1.5 轨道交通实训基地存在的问题

综上可知，轨道交通实训基地建设与应用中主要存在以下问题：一是，实训设备造价高昂，院校投入巨额资金短期难以见到预期成效；二是，轨道交通类企业实训基地涉及专业众多，各专业间联动机制在教学中不利于实现；三是，企业参与度不高，倾注较大精力建立的基地达不到预期效果，且派遣培训人员会影响企业生产；四是，实训基地建设功能单一，仅能满足教学任务，而无法开展岗位教育、安全教育、科学研究、产品研发、专业人员培训、社会服务等功能。

10.2 实践探索

10.2.1 校企合作模式下的现代学徒制试点研究

成都工业职业技术学院充分利用成都铁路局开展的"2+1"培训、成都地铁公司开展的订单班培养契机，联手成都铁路局、成都地铁等轨道交通企业，开展现代学徒制试点。成都工业职业技术学院针对铁路局或地铁公司对员工实践技能需求，共同研究商讨校内外虚拟仿真实训室、综合实训场的建设与分工，校内通过虚拟仿真实训中心和轨道交通综合实训基地开展钢轨探伤、线路工实训等技能训练，校外通过实训场地和现场操作巩固学生技术技能水平。同时校企双方共同撰写《钢轨探伤》《线路工实训》《工程测量》等技能培训工作手册，企业教师定期到学校参与学生技能实训教学、企业员工定期参加学院理论培训、学校教师参与企业生产实践锻炼等工作。校企双方通过校内外师资和校外实训基地对学生开展综合培训，既保证了学生安全，又使得学生综合能力符合企业岗位需求。

10.2.2 岗课赛证统一的实训基地综合开发研究

根据企业对于职业院校学生综合素质要求的不断提升，结合工作岗位、课程体系、技能大赛、职业技能证书等开展岗课赛证相统一的轨道交通综合实训基地开发变得尤为重要。成都工业职业技术学院首先结合铁路局、地铁公司工作岗位设置铁道运营管理、城市轨道交通运营管理、铁道车辆技术、铁道信号自动控制、铁道工程技术等专业课程，尤其是实训、实践课程内容，同时建立轨道交通综合实训基地所需各类实训室、实训基地。成都工业职业技术学院参考其他院校实训基地建设经验教训，协同轨道交通企业、软件开发公司、实训基地建设单位等共同开发实训基地，相继建成省级"职业教育示范性轨道交通虚拟仿真实训基地""四川省高技能人才培训基地"，在此基础上获批国家级"职业教育示范性轨道交通虚拟仿真实训基地"培育项目。目前，成都工业职业技术学院建设有轨道交通电子沙盘、CTC 调度实训室、车控室实训室、车站模拟实训室、车辆综合实训室、车辆制动实训室、模拟驾驶实训室、信号基础设备实训室、自动闭塞实训室、车站联锁实训室、工程测量实训室、BIM 研发中心、轨道交通综合实训基地等校内实训中心、实训基地 30 余个，资产总值达到 3 500 余万元，建筑面积达到 11 000 平方米。此外，学校还建有成都站、成都东站、成都高铁工务段、重庆工电段等各类校外实训基地 50 余个。轨道交通实训基地举办或培训学生参加各类技术技能竞赛，取得全国职业院校师生礼仪大赛一等奖，全国高等职业院校"发明杯"大学生创新创业大赛一等奖，全国职业学校"南方高铁杯"铁路工务作业虚拟仿真技能竞赛一等奖，全国铁道职业教育"和利时杯"铁道信号专业微课大赛一等奖，"互联网+"大学生创新创业大赛全国铜奖、四川省金奖等。综合实训基地可以针对轨道交通某一专业开展单一的技能实训，也可以针对高速铁路综合维修等专业开展综合实训内容。电子沙盘、虚拟仿真实训基地、轨道交通综合实训基地等可以实现所有专业联合作业实训，学生可以考取列车运行控制系统现场信号设备运用与维护职业技能等级证书、城市轨道交通站务技能等级证书、城市轨道交通乘务技能等级证书等十余项技能证书。

10.2.3　校企联合开展科研平台共建试点研究

目前，成都工业职业技术学院引进卢秉恒院士工作团队建设"增材制造技术应用研究院"，服务"5G+3D"等战略性新兴产业；依托成都轨道交通职教联盟，联合科研院所、高校、企业共建轨道交通实训基地科研平台；与西南交通大学、电子科技大学等国家"双一流"高校，西南交通大学综合交通大数据应用技术国家工程实验室、高速铁路安全运营空间信息技术国家地方联合工程实验室、成都力创云科技有限公司（电子科技大学光电技术中心）、成都西南交大高铁轨道设备有限责任公司、广州南方测绘科技股份有限公司、中国电信股份有限公司成都分公司、成都地铁运营有限公司等机构在轨道交通智慧运维方面开展科研合作。成都工业职业技术学院还建成现代轨道交通应用技术研究中心、轨道交通智慧巡检技能大师工作室、轨道交通智慧运营技能大师工作室、轨道交通车辆智慧检修技能大师工作室。

10.2.4　轨道交通综合实训基地社会服务试点研究

轨道交通实训基地的社会服务包括对外培训、开展科普宣传等。依托轨道交通综合实训基地，成都工业职业技术学院每年定期开展钢轨探伤、焊缝探伤、探伤工班长、回放探伤、厂内机动车新培、高处作业新培、低压电工新培、高压电工、焊工新培等各类轨道交通岗位技能社会培训，证书复审、换证工作等。

10.3　结论

成都工业职业技术学院轨道交通综合实训基地的试点工作有序开展，取得了一定的成果，同时仍存在较多问题需要改进。取得的成果包括轨道交通综合实训基地联合开发，实现了铁道类与城市轨道类实训基地的有机融合，降低了基地建设资金投入，实现了多岗位、工种的联合培训，有效提升了学生岗位意识、安全意识。实训基地综合应用，尤其是增加企业、研究机构的科学研究，依托现有实训基地，在满足教学的基础之上，增加科研平台建设并开展科学研究，在科学试验、产品研发等方面做出了贡献。轨道交通综合实训基地与轨道交通企业的深化合作，通过校内外、理虚实一体化培训实现了人才培养符合企业用人需求。通过院校企联合开发，成都工业职业技术学院实现了轨道交通综合实训基地人才培养、安全教育、课程思政、科学研究、技能竞赛、社会科普、企业培训、产品测试等的有机融合，但是在实际开发过程中仍然存在着校企互动合作不够频繁、岗位/工种对接不连续、科研产出与成果转化效率不高等问题。

11 工业机器人操作编程课堂混合式教学探索

11.1 背景与问题

2015 年颁布的《中国智造 2025》强调，加快推动新一代信息技术与制造技术融合发展，把智能制造作为两化深度融合的主攻方向。《四川省"十四五"规划和 2035 年远景目标纲要》指出，"以成渝地区双城经济圈建设为引领，以智能网联和新能源为主攻方向，建设高水平汽车产业集群"。《成都制造 2025 发展纲要》提出，"突出发展电子信息、汽车（含新能源汽车）、精密机械及智能制造装备……，建成千亿产业集群"。

汽车智能制造技术迅速提升，催生大量新技术、新工艺、新规范，衍生出工业机器人操作等新兴岗位。随着机器人应用的日益广泛和装机容量的直线上升，对这类技术人员的需求也变得越来越迫切。近年来开设工业机器人相关专业的职业院校急剧增多，虽有的职业院校专业建设成效不错，但整体上专业建设还不够成熟，课程内容与教学方式比较传统，缺乏实训条件与具备国际化交流能力的师资力量，导致培养的产出价值比较低。问题集中于：

第一，课程体系与企业生产技术偏离。课程相应较陈旧并缺乏弹性，不能紧跟现代企业需求，做出及时调整；教学模式单一，没有突出"以学生为本"的教育理念。第二，偏重理论学习，课程内容抽象、理解困难，缺少贯穿各章节的课程主线，缺乏实训条件。目前，我国职业院校开设的工业机器人专业在很大程度上忽略了学生自主学习能力的培养和创新精神及终身学习理念的形成，造成学生的综合素质不高，很难培养出适应市场经济需求，能力强、素质高的国际化人才。第三，缺乏行业技术背景资深的师资，缺乏实用型教材及配套数字教学资源。目前，我国高职院校开设的工业机器人专业还无法做到以企业的实际应用需求为导向，培养的人才数量与质量都达不到实际应用的要求。

11.2　过程与内涵

成都工业职业技术学院契合成渝地区双城经济圈汽车智能制造核心岗位群对高素质技术技能人才、能工巧匠、大国工匠的需求，与"发那科"等国际知名企业，成都市产业园区等共建"多元协同育人·岗课赛证融通·实战项目成才"人才培养模式。成都工业职业技术学院基于智能制造岗位核心能力，推进岗位需求、课程内容、技能竞赛、证书标准融通，建成"底层共享·中层分立·上层互选"的专业群"平台+模块+方向"课程体系，以工业机器人涂胶造等实战项目为载体，培养工业机器人岗位核心能力，融入劳模精神、劳动精神、工匠精神、创新精神，培育与提升学生就业核心竞争力与可持续发展综合素养。成都工业职业技术学院以技术单元为基本教学单位，将课堂建在实训场所，导入信息技术和虚拟仿真技术的应用，提供兼具理论教授能力、实际操作能力及虚拟演示与讲解能力的师资，将理论教授与实训教学紧密衔接起来，实施理虚实一体的教学过程。

成都工业职业技术学院遵循产业发展规律，基于人才培养理念、职业标准和岗位需求，以职业岗位能力为主线，以技术应用为目标，打破专业界限，由点到面、由浅至深地将一门技术技能拆分为一个个既相互独立又相互关联的技术单元，形成基本的教学单位，科学搭建基于技术应用的人才培养专业集群课程体系。

成都工业职业技术学院针对理论教学和实践教学脱节，在理实一体教学过程中导入虚拟仿真技术，将应用计算机技术开发的虚拟仿真训练项目与真实的设备操作项目相结合，以数字孪生技术虚拟训练项目和实训工厂中的真实操作项目为载体，将理论课程与实训教学紧密衔接起来，建设理虚实一体化课堂。教师在教学过程中灵活应用多种教学方法及现代教育技术，学生通过虚拟项目训练对装置、设备、工艺流程及操作产生一定认识后进入真实操作阶段，进一步强化专业技能。实现"在教室上理论课，在虚拟工场上实训课，在车间练习技能"，形成理虚实一体的教学过程。

11.3 做法与经验

本书落实专业人才培养方案和课程标准，对接岗位、"1+X"证书、世赛标准，围绕"培养学生工业机器人示教编程能力"这一主题，基于工业机器人汽车涂胶编程项目，导入企业的工作过程和应用场景，执行"5S"现场管理和质量管理理念，构建有情景、有角色、有情节、有团队、有挑战的"五有"课堂，设计多维度评价指标实现多元评价；借助仿真软件、线上管理平台及信息化技术，实现以评促学、思政融入及课创融通；以校企双师教学团队自建课程资源，拓展学习时间和空间，沉淀疫情期间线上教学经验，实施"岗课赛证·实战成才"战略，有效达成教学目标。

11.3.1 分析课程，明确目标

工业机器人操作与编程是工业机器人专业方向核心课程，要求学生掌握工业机器人基本操作、示教编程和离线编程，具备从事工业机器人应用系统维护、现场操作、应用系统集成等典型工作岗位的专项能力。工业机器人技术课程体系及本课程的位置见图 11-1。

成都工业职业技术学院工业机器人专业服务成渝双城经济圈和四川省"5+1"现代产业体系建设，助力成都汽车智能制造产业优化升级，基于汽车智能制造工作流程，遴选工业机器人汽车涂胶等典型工作任务，承载课程技能教学，融入"1+X"证书标准、工业机器人集成世赛标准，按照学生的认知规律，从简单到复杂，序化设计了四个项目。

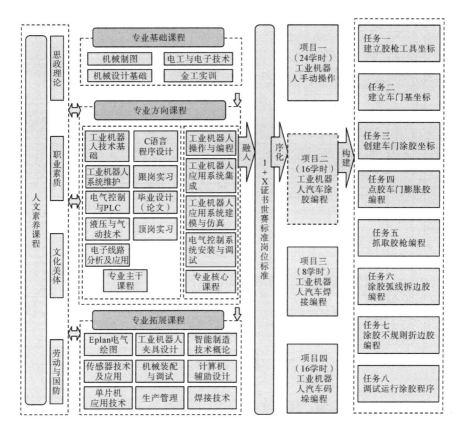

图 11-1 工业机器人技术课程体系及本课程的位置

11.3.2 研究内容，确定重点

为达成项目教学目标，以做人、为事、就业为主线整合知识和技能，按照汽车涂胶实际的准备、编程和调试工作流程，分解和优化项目中的任务，将工业机器人示教编程核心知识融入 8 个任务中。编程任务四、任务五、任务六培养学生核心示教编程能力，为本项目重点教学内容。"工业机器人汽车涂胶编程"教学内容见图 11-2。

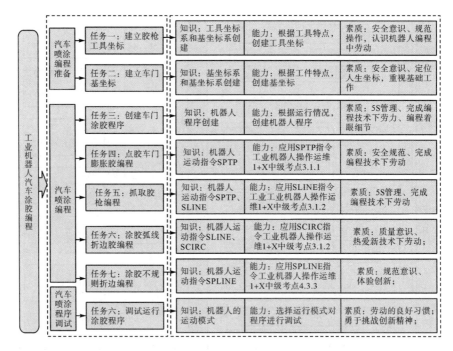

图 11-2 "工业机器人汽车涂胶编程"教学内容

11.3.3 分析学情，预判难点

本课程教学对象为工业机器人技术专业 2019 级学生，采用调查问卷、座谈、成绩分析等方式进行学情调查，准确把握学情。学情分析见图 11-3。

（1）理论知识有基础，编程能力偏弱。

通过前序课程 C 语言程序设计、工业机器人技术基础的学习，教师发现本专业学生没有系统学习过编程，C 语言程序设计（不含平时成绩）及格率仅为 42%，说明学生编程能力总体偏弱，对编程有畏难情绪。

本课程已完成项目一教学内容，85% 的学生已经具备了手动安全操作工业机器人的基本能力，能够使用仿真软件 OfficeLite 和 Simpro 完成一些基本的操作。

（2）职业认知较模糊，专业学习被动。

通过职业认知调查，82% 的学生对成都汽车产业发展不了解，职业定位不准确，职业认知总体模糊，未来就业方向、岗位职责、工作内容不清楚，专业主动学习方向不明确。

（3）学习能力待提高，团队意识应加强。

通过对学习特点调查显示，本专业学生自律性不高，学习计划不明确，自主学习能力较差；本专业学生喜欢实践环节，80%的学生对长时间理论学习较为反感；本专业学生喜欢展示自我，团队意识有待加强。

（4）信息素养有基础，信息教学有支撑。

本专业学生能够熟练利用互联网获取知识和检索资料，具备使用信息平台自助学习的能力，适应信息化技术在课堂中的应用，线上线下混合式教学有基础。

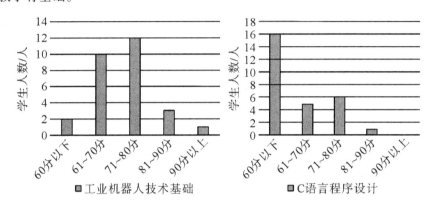

（a）前序课程分析

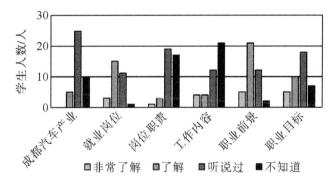

（b）职业认知调查

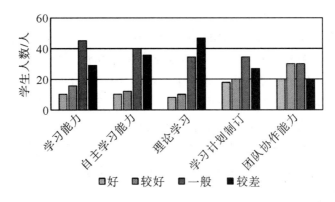

（c）学习特点数据统计

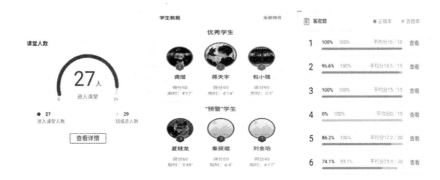

（d）信息化课堂数据

图 11-3　学情分析

根据学情特点分析，学生对编程学习有畏难情绪且自学能力较弱，机器人运动指令复杂、抽象、危险，综合应用难度大，因此确定机器人运动指令为教学难点。

11.3.4　精准施策，系统设计

本项目教学基于企业的生产任务，导入工艺流程和场景，融入新技术、新工艺、新规范，将编程指令分解到工作任务中。学生在有情节的企业情景中分角色完成挑战任务，构建"五有"课堂充分调动学生的学习积极性。以学生发展为中心，基于 BOPPPS 教学模型，优选任务驱动等教学方法，辅以微课、仿真等教学资源，课前线上学，课中组织"析、探、仿、示、做、评"教学环节线上线下聚焦重难点，课后线上巩固拓展，多

维度开展混合式教学，突出重点、突破难点，有效达成教学目标。教学策略见图 11-4。

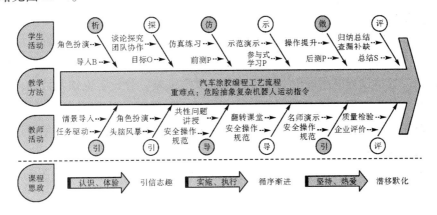

图 11-4　教学策略

教学中以成渝汽车制造产业为背景，将任务特点与思政教育有机融合，循序渐进、潜移默化引导学生养成从认知、体验到实施、执行、坚持、热爱的职业素养，培育学生精益求精的工匠精神、吃苦耐劳的劳动精神、勇于挑战的创新精神。

11.3.5　打造"五有"课堂的教学实施过程

根据汽车涂胶工艺流程将项目分为 8 个任务，由浅入深，由单一到综合，构建工作情景，以学生为主体，实现有情景、有情节、有团队、有角色、有挑战的"五有"课堂。有情景：服务区域经济发展，构建工业机器人汽车涂胶情景；有情节：根据企业工作任务，设计任务情节，营造实战氛围；有团队：将学生分成按常用车型命名的学习小组；有角色：根据就业企业初始岗位和发展岗位将小组学生分为 OP 手、质检员、工程师、项目经理角色；有挑战：结合工艺和岗位职责由简入繁杂设计课前任务书。教师将编程指令分解到任务中，重难点知识上传贯穿，重复练习巩固；思政元素与任务结合，坐标创建与正确价值观、涂胶工艺要求与国产汽车发展史、程序编写规范与职业素养、程序调试严谨与工匠精神，潜移默化、有机融入；丰富的系统性教学资源、线上线下教学平台拓展学习维度；教学全过程数据收集，绘制学生成长轨迹，对学生的知识、技能、素养习得成果积极反馈评价，形成学生想学、随处可练、团队前进、齐赴目标的教学实施过程。

11.3.6 多元评价，以评促学

考核评价融入企业考核，结合学生成长轨迹，设计多元多维评价体系。多元评价从自评、互评、师评、平台评多方面进行，多维评价由课前课后任务考核、课中任务评价、产品质量检验等维度组成，加大过程考核评测。教学过程应用评价手段及时调整教学策略，分析学生预习情况，调整课堂导学内容；以课中问答、任务评价等，及时分析知识点掌握程度，调整课堂内容，布置课后巩固任务；通过线上教学平台实现教学全过程信息化管理，分析学生成长轨迹，调整优化教学手段和教学方法。KPI 考核评价指标见图 11-5。任务考核表见图 11-6。多元多维评价体系见图 11-7。

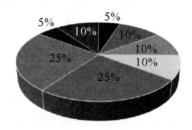

图 11-5 KPI 考核评价指标

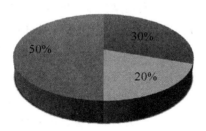

图 11-6 任务考核表

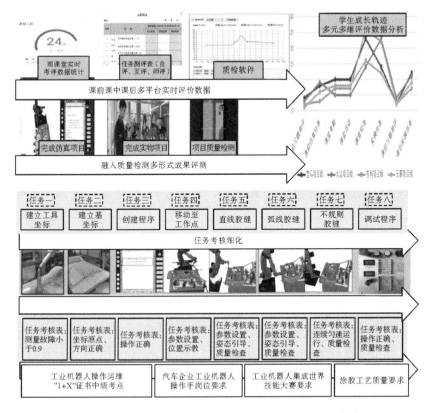

图 11-7　多元多维评价体系

11.4　创新与特点

11.4.1　深化产教融合，实施"岗课赛证、实战成才"

成都工业职业技术学院工业机器人专业基于"政府投资、园区承载、高校运营"模式，将课堂搬入产业园区，多元育人。工业机器人专业以汽车产业技术为背景，校企共建创新教师团队，以企业典型案例为载体，对接企业岗位、"1+X"证书、世赛标准，编制并出版了校企合作教材《工业机器人操作与编程》，系统建设了课程的电子课件、微课视频（30 个）、工作页等资源，实施证书考核、竞赛培训、岗位技能与课程对接。

11.4.2 "三度"融合，培养学生核心素养

教师以培养学生的情怀、技能和视野为主线，"三度"融合，组织课堂教学。成都工业职业技术学院工业机器人专业以机器人实操现场"5S"管理、工匠成长经历、工业机器人安全操作等思政教育为切入点，培养学生社会责任感、职业素养及劳动精神，提升学生"温度"；引入车门涂胶等企业典型案例，对接企业岗位技能，优化课程，强化岗位技能，培养学生技能"深度"；以成都汽车产业发展和技术应用为背景，组织课程，拓展课程视野，增强学生创新意识，培养学生产业认可度，拓宽学生"宽度"。

11.4.3 沉淀疫情期间线上线下教学经验，"两性一度"打造金课

本课将线上教学经验应用到课程教学中，课前线上预习、测评；课中线上平台直播"析、探、仿、示、做、评"教学环节，实现离线编程远程联机、线上观摩实操、云端实时讨论互动；课后线上测评，任务拓展，实现线上线下混合教学。

11.5 应用推广效果

通过 2018 级、2017 级、2016 级教学比较，本课程教学效果逐年提升，在同一课程标准下学生平均分提高了 10%。

知识提升：通过学习平台统计，在课前、课中和课后教学环节，学生能力处于递增过程，知识目标有效达成，教学效果明显提升。学习轨迹记载，有效激发了学习兴趣，学生课堂参与率、作业完成率均达到 90%以上。

技能提升：通过企业教师和评价数据反馈，学生示教编程思路清晰、程序构架正确、机器人运动姿态合理，技能目标有效达成。通过面向企业问卷调查，企业对学生编程技能的认可度提高了 15%。

素养提升：通过问卷调查，学生学习本课后希望从事工业机器人行业人数增加 30%；通过过程评价数据分析，实训过程更规范，安全碰撞等不规范操作、5S 管理扣分减少，实训项目质量提升。

本专业学生近年来在各项机器人技能比赛中屡获佳绩，多次获得国家级比赛及省级比赛奖项；学生积极参加"互联网+"创新创业大赛，自主设计开发机器人，已作为综合实训设备应用到教学中。在此技术基础上，经过提炼，学校申报并获得发明专利授权 1 项。

目前 2016 级、2017 级毕业生已走上了工作岗位，通过毕业生跟踪调查分析报告，学生主要从事机器人安装、调试和售后等工作，企业对学生具备的示教编程能力进行了充分肯定，学生达到岗位从业要求，满足企业用人需求，社会认可度高。

参考文献

[1] 李蔺田. 中国职业技术教育史 [M]. 北京：高等教育出版社，1994：554.

[2] 曾天山. "岗课赛证融通"培养高技能人才的实践探索 [J]. 中国职业技术教育，2021 (8)：9.

[3] 何爱华. 行业主导的1+X证书制度实践 [J]. 职业技术教育，2020，41 (27)：19-23.

[4] 王靖. 德技并修：新时代工匠精神与高职学生职业素养融通路径 [J]. 职教论坛，2019 (11)：149-152.

[5] 杨艾. 会计专业岗课证赛融合的人才培养模式探索 [J]. 教育与职业，2013 (33)：114-115.

[6] 张慧明，孙少勤. 基于课证融合的国贸专业应用型人才培养模式分析 [J]. 黑龙江高教研究，2009 (12)：127-128.

[7] 袁秀英，刘淑敏，高雅萍. 实现高职教育"课证融合"需把握的八个关键 [J]. 中国职业技术教育，2010 (24)：27-30

[8] 王洪庆，杨文娟. "1+X"岗课赛证融通复合型技术技能人才培养模式教学改革与实践 [J]. 淮北职业技术学院学报，2022，21 (5)：57-60.

[9] 黄炎培. 提出大职业教育主义征求同志意见 [J]. 教育与职业，1926 (1)：1.

[10] 张德成，陆宇正，丁玲丽. 大职教理念下中职人才培养：模式构建与路径探析：以杭州市西湖职业高级中学为例 [J]. 职业技术教育，2021 (2)：6-10.

[11] 李鹏，石伟平. 中国职业教育类型化改革的政策理想与行动路径：《国家职业教育改革实施方案》的内容分析与实施展望 [J]. 高校教育管理，2020 (1)：109.

［12］麦可思研究院. 就业蓝皮书：2021 年中国高职生就业报告［M］. 北京：社会科学文献出版社，2021.

［13］金静梅. 高职 ACCP 嵌入式软件人才培养课程体系建设［J］. 计算机教育，2013（11）：61-65.

［14］刘建湘，文益民. 高职院校校企合作课程建设探讨［J］中国高教研究，2010（10）：84-85.

［15］谢春梅. 基于职业技能大赛的"工匠精神"培育研究与实践［J］. 职业，2017（12）：29-31.

［16］毕晓玲. 论教学活动中的融会贯通过程［J］. 中南民族大学学报（人文社会科学版），2003（5）：157-159.

［17］李晓杰". 课证融合"模式在福建省高校社会体育专业中适度推行的探讨［D］. 厦门：厦门大学，2014.

［18］莫玉婉. 我国高职教育重点建设：政策变迁、路径依赖及改革趋势［J］. 高教探索，2021（5）：87-93.

［19］张启慧，孙玺慧. 产教融合背景下浙江省高职物流技能大赛改革探究［J］. 宁波职业技术学院学报，2016（6）：24-28.

［20］丁荣乐. 职业技能竞赛对教学改革的促进作用与分析［J］. 当代教育实践与教学研究，2017（6）：156.

［21］王利芳. 基于职业技能竞赛的《供应链管理》课程改革［J］. 物流技术，2019，38（11）：68-69.

［22］靳荣利. 基于虚拟商业社会的高职供应链管理课程教改革探索与实践［J］. 物流技术，2019，38（11）：34-35.

［23］朱文娟. 基于应用型人才培养的《供应链管理》课程教学改革［J］. 物流技术，2019（38）：25-26

［24］王恒. 基于"易木科技"的《供应链管理》课程教学改革研究［J］. 职业教育，2019，41（9）：12-13.

［25］李秀华，娄成良. 高职院校开展职业技能大赛的对策与思考［J］. 通化师范学院学报，2019（6）：132-136.

［26］曾天山，陈斌，苏敏. 以高水平赛事促进"岗课赛证"综合育人［J］. 中国职业技术教育，2021（29）：5-10.

［27］何碧湉，华晓芳. 职业院校技能大赛效能提升策略探析［J］. 职教治理，2021（9）：60-64.

[28] 唐明军. 技能竞赛培训对高职学生创新能力的培养研究 [J]. 科技视界, 2017 (33): 33-34.

[29] 张旭光. 世界技能大赛对我国技能竞赛体系建设的启示 [J]. 职业, 2020 (10): 18-20.

[30] 邵旭芝. 浅谈职业技能大赛的重要性 [J]. 现代职业教, 2018 (18): 50.

[31] 孙晨明、葛竹兴. 职教集团模式下职业技能大赛的实践探索 [J]. 教育教学论坛. 2019 (52): 158-159.

[32] 于露. 以职业技能促进建工专业建设的思考: 以 BIN 施工项目大赛为例 [J]. 教育教学论坛, 2020 (2): 175-176.

[33] 罗喻真, 向东, 邹进贵. 全国高校大学生测绘技能大赛的训练体系和指导经验 [J]. 创新创业理论研究与实践, 2021 (15): 196-198.

[34] 韩丽丽. 数字地形测量学课程中的仿真技术教学实践 [J]. 电子技术, 2021, 50 (9): 224-225.

[35] 马力鹤, 马铭, 陈美云. 浅谈高职院校测绘技能大赛训练策略与方法 [J]. 教育教学论坛, 2020 (15): 349-350

[36] 范本. 高职院校测绘技能大赛心理训练研究 [J]. 地理空间信息, 2020, 18 (8): 126-128.

[37] 朱明栓. 高职院校专业教学与职业技能竞赛有机结合的研究: 以工程测量专业课程改革为例 [J]. 福建建材, 2018 (8): 116-118.

[38] 丁海萍, 许朋朋. 职业院校技能竞赛选手心理技能训练对策 [J]. 高教学刊, 2018 (19): 170-172.

[39] 李永川, 孔令慧. 全国职业院校技能大赛促进高职工程测量技术专业实践教学体系构建探究 [J]. 测绘通报, 2017 (9): 145-149.

[40] 陈耀华. 提升教师信息化教学力的中国路径及优化发展 [J]. 中国电化教育, 2020, 407 (12): 99-104.

[41] 龚凌云, 陈泽宇. 高职技能大赛教学能力比赛的普适性研究 [J]. 黑龙江高教研究, 2022, 40 (2): 116-121.

[42] 陈卫东. 沉浸式虚拟学习环境设计与学习评价研究 [D]. 武汉: 华中师范大学, 2020.

[43] 程玉柱. 基于深度学习的林业图像处理"金课"教学研究 [J]. 林业机械与木工设备, 2020, 48 (5): 54-58.

[44] 张力，张晴，陈义军．"生生互动"对大学课堂教学优化作用的研究 [J]．中学英语之友：外语学法教法研究，2017（42）：1．

[45] 朱雪梅，黄志成．"三教改革"视域下提升教师教学能力比赛水平机制的研究 [J]．教育信息化论坛，2022（9）：72-74．

[46] 陆莹绮，肖珂楠，冉云芳，吴希．技能何以成才：我国世界技能大赛获奖选手成长经历的质性研究：基于程序化扎根理论的研究范式 [J]．职教发展研究，2023（2）：67-75．

[47] 刘昌亚，郭鹏，任友群，等．深化现代职业教育体系建设改革全面服务支撑中国式现代化 [J]．中国职业技术教育，2023（7）：5-11．

[48] 马洪坤，李仲飞．基于不完全信息竞赛理论的员工激励机制研究 [J]．系统工程理论与实践，2019，39（10）：2535-2548．

[49] 马华林，张立燕．基于竞争优势理论的职业技能竞赛学生选拔探讨 [J]．机械职业教育，2018，386（3）：53-55．

[50] 刘宇文，王方．公平理论视角下高校教师激励机制的挑战与进路 [J]．湖南工业大学学报（社会科学版），2021，26（1）：29-35．

[51] 王晔安，郑广怀，朱苗．职业支持：社会认同理论与职业认同的新维度 [J]．社会发展研究，2021，8（1）：52-75，242．

[52] 李浩泉．论"产教融合、以赛促学"的职业院校技能大赛 [J]．教育与职业，2019，946（18）：104-108．

[53] 邓小朱．"理论+实践+技能"竞赛教学模式的质量评价：以华东交通大学经济管理学院金融专业教育教学改革为例 [J]．中国教育信息化，2017，402（15）：31-34．

[54] 庞留勇，王东云．学科竞赛质量评价及开展水平方法的探索 [J]．高教学刊，2021，7（33）：19-22，26．

[55] 高绣叶，郑国萍．权威评价工具：职业院校技能大赛价值逻辑的深层阐释 [J]．职业技术教育，2022，43（10）：20-25．

[56] 任建新，刘剑飞，于训全，等．国际共享型轨道交通综合实验实训基地的建设研究 [J]．甘肃科技，2021，37（24）：19-22．

[57] 庄剑峰．产教融合校企共建轨道交通实训基地的实践探索：以苏州技师学院轨道交通专业为例 [J]．中国培训，2021（1）：31-32．

[58] 杨昌休，李泽，何帆．高职轨道交通专业群校内实训基地建设的研究与实践 [J]．职业技术，2020，19（9）：73-77．

［59］韩松龄.广州地铁线网综合实训基地建设的探索与思考［J］.都市快轨交通，2020，33（4）：141-145.

［60］王冬梅.城市轨道交通专业实训基地建设的实践分析［J］.南方农机，2020，51（7）：173，175.

［61］李怡民，李军，周丽.城市轨道交通行业人才需求与职业院校专业设置匹配分析［J］.中国职业技术教育，2020（11）：16-25.

［62］沈农华.城市轨道交通综合实训基地建设研究：以天津铁道职业技术学院城轨实训基地建设为例［J］.天津职业院校联合学报，2019，21（7）：13-16.

［63］华容，安子良，沙泉，等.创建轨道交通运行与安全实验教学示范中心［J］.实验技术与管理，2016，33（12）：237-241，245.

［64］肖莹，杨富民，李宏，等.高职院校城市轨道交通实训中心建设的实践与思考［J］.实验室研究与探索，2015，34（12）：152-155.

［65］徐新玉，朱小芹.关于高职院校轨道交通专业实践性教学改革的探索［J］.大学教育，2015（2）：129-131.

［66］张天彤，马松花，支斌，等.城市轨道交通综合仿真实训基地建设的研究［J］.实验室研究与探索，2013，32（8）：244-248.

［67］薄宜勇.轨道交通综合实训基地建设与运行管理研究［J］.职业教育研究，2013（6）：10-12.

［68］马军强，孟永辉.适应轨道交通行业特点建设专业实训基地的实践与思考［J］.教育与职业，2011（30）：147-148.

［69］苏青.建设一流的城市轨道交通大型综合实验实训基地：以西安铁路职业技术学院为例［J］.新西部（下半月），2009（5）：153，148.

［70］周世青.不断创新 建好用好现代化轨道交通实训基地［J］.中国职业技术教育，2008（15）：51-52.

后 记

　　岗课赛证综合育人模式是深化产教融合，推动高职教育高质量发展，实现高职院校学生高质量就业的有效途径，是拓宽职业教育发展类型，提升职业教育社会适应性的必然要求，是现代职业教育体系中不可或缺的一部分。近年来，受多重因素影响，学校的教育教学活动受到诸多影响，岗课赛证综合育人模式也遭受了巨大挑战。但是，成都工业职业技术学院师生迎难而上，积极运用电子信息化手段，多措并举推进教育教学工作，取得了喜人的成绩。本书收录了本校教师在岗课赛证综合育人方面的典型案例，经历了多次修改和校正，终于在2023年年底完成。回顾本书写作历程，感慨良多。

　　古语云"三人行，必有我师"。本书收录了成都工业职业技术学院各学科教师在教学一线实施岗课赛证综合育人模式的案例，展现了成都工业职业技术学院岗课赛证综合育人模式的实践经验。本书得以问世，离不开成都工业职业技术学院的领导和同事们的大力支持，离不开学院学生们的帮助。同时，本书的出版得到了成都工业职业技术学院教务处岗课赛证综合育人专项资金的支持，在此表示诚挚的感谢！

刘婷婷

2023 年 12 月